El Llamado
de los Árboles

Otros libros de Dorothy Maclean

The Living Silence

Wisdoms

The Soul of Canada

To Honor the Earth

Honrar la Tierra

Choices of Love

Seeds of Inspiration

To Hear the Angels Sing

Comunicación con los Ángeles y los Devas

El Llamado de los Árboles

Dorothy Maclean

El Llamado de los Árboles

Fotografías de Alan Watson,
Brian Ziegler, Dorothy Maclean y Jeremy Berg

Fotografía de tapa de www.istockphotos.com

Editado por Freya Secrest

Traducido por Ana María Bermúdez y Charles Petersen

Publicado por Lorian Press
2204 E Grand Ave
Everett, WA 98201

ISBN 10: 0-936878-29-0
ISBN 13: 978-0-936878-29-4

Maclean, Dorothy
El Llamado de los Árboles / Dorothy Maclean

Primera edición: Primavera 2006
Primera edición en castellano: Primavera 2010

Impreso en EEUU

0 9 8 7 6 5 4 3 2 1

www.lorian.org

Este libro está dedicado a la hermandad entre
Dios, los Seres Humanos y la Naturaleza

Índice

Nombre		Página

Lista de Fotografías

Nota: Iniciales significan Alan Watson (AW), Brian Ziegler (BZ), Jeremy Berg (JB), y Dorothy Maclean (DM)

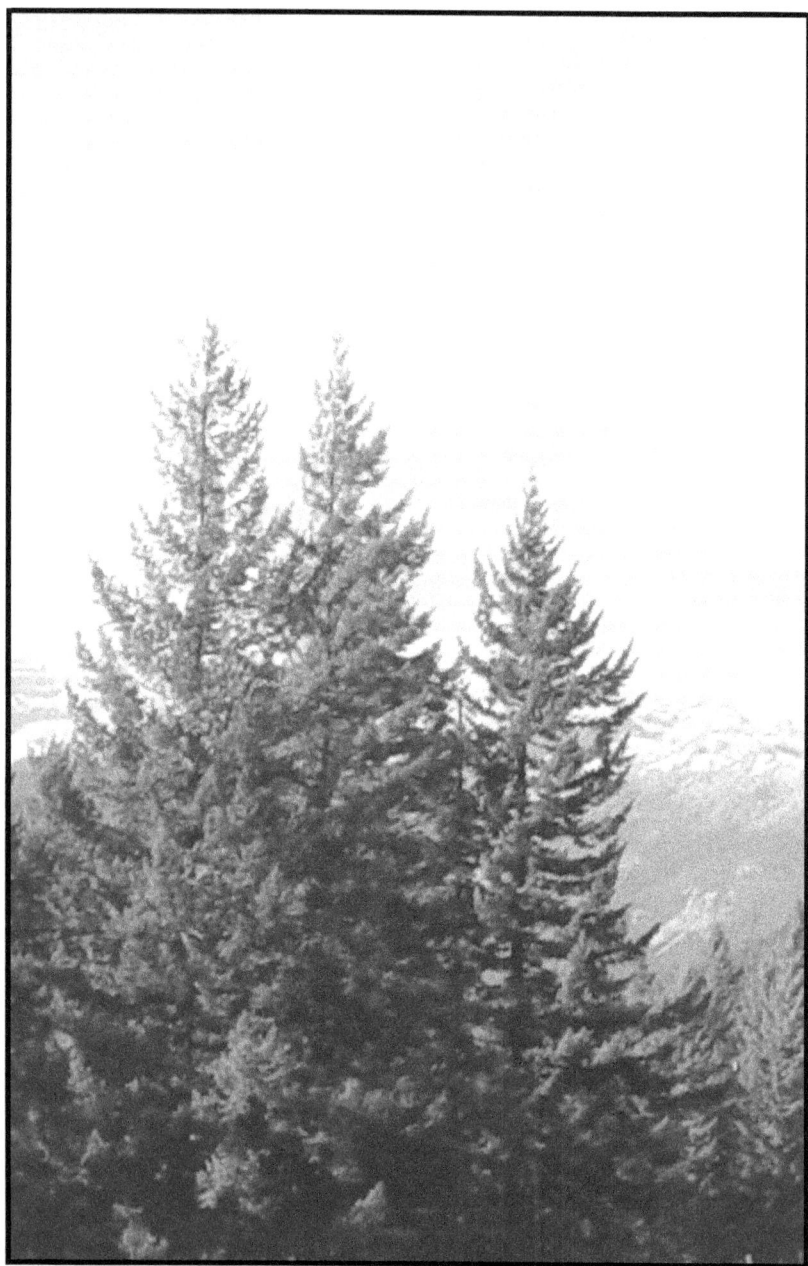

Prólogo

El Inglés Richard St. Barbe Baker (1889-1982), conservacionista, guardabosques, fundador de "Men of the Trees" (Hombres de los Árboles), fue uno de los pioneros de la silvicultura[1] ecológica y sanación de la Tierra. St. Barbe fue responsable de plantar e inspirar a plantar incontables árboles alrededor del mundo durante su vida y fue autor de muchos libros. El escribió el siguiente prólogo para la primera publicación de los primeros mensajes de los árboles en 1969.

"Es un privilegio y un placer para mí recomendar estos mensajes de los árboles, interpretados con tanto amor por Dorothy Maclean de la Fundación Findhorn.

"Hombres de los Árboles, dedicado a transmitir nuestra herencia de los árboles para que otros la disfruten, a menudo encuentra que ellos obtienen inspiración por su servicio amoroso. Así como ellos se volvieron sembradores de árboles, sus propias vidas se han enriquecido más allá de toda expectativa, dado que comunidades enteras de árboles irradian gratitud y devuelven el amor que los humanos les han transmitido con intereses acrecentados. ... Cuando la siembra es realizada en espíritu de adoración, un milagro sucede.

"Los mensajes de los árboles revelan la explicación oculta que la investigación científica es incapaz de dar. Los antiguos creían que la Tierra en sí misma es un ser sensible y siente el comportamiento de la humanidad sobre ella. Como no tenemos pruebas científicas de lo contrario, yo sostengo que podríamos aceptar esto y comportarnos como corresponde y de este modo abrirnos por nosotros mismos a un nuevo mundo de entendimiento.

"¡Qué aburrida es la vida cuando no aceptamos nada que no podemos explicar! Por mi parte, prefiero ser un creyente que un no creyente. Sería presuntuoso pensar de otra manera, cuando se da el milagro de la salida y la puesta del sol en el Sahara, el milagro del crecimiento desde una semilla diminuta a un bosque enorme – una verdadera ciudadela en sí misma proveyendo de comida y refugio a una multitud de pequeñas cosas, que actúa como un eslabón indispensable en el ciclo de la Naturaleza y da el soplo de vida a la humanidad.

"Aceptemos este milagro del crecimiento como un hecho y como un símbolo de vida del Árbol de la Humanidad y la Unidad del Género Humano y todos los seres vivientes.

"Cada uno de los siguientes mensajes de Dorothy debería ser estudiado por separado y tomado dentro del silencio de nuestros corazones."

---

[1] Ciencia forestal, cultivo de bosques o montes

i

Prefacio

En Septiembre de 2002, el grupo Vermont Family Forests, VFF (Bosques Familiares de Vermont) de Bristol, Vermont, USA, invitó a Dorothy Maclean a compartir sus excepcionales mensajes de los árboles y hacerle una pregunta apremiante: ¿Cuál es la relación entre los humanos y los árboles?

Sus mensajes nos alarmaron: Ellos piden a la humanidad proteger los árboles maduros y reforestar la Tierra para su propia supervivencia. Motivados por la urgencia y puntualidad de su llamado, hicimos un compromiso cada uno con el otro y con Dorothy de imprimir sus mensajes de los árboles y transmitirlos a lo largo y ancho del planeta como semillas.

Y es urgente. Tres cuartas partes de los bosques originales de la tierra han sido cortados. Mientras tanto, la industria rápidamente está talando el resto de los bosques tropicales y norteños. Los investigadores están incluso ahora experimentando con siembras de árboles estériles genéticamente manipulados.

VFF es una organización de aprendizaje fundada en 1995 para explorar y desarrollar nuevos modelos de forestación basados en la comunidad y ecológicamente sustentables. Después de muchos años de investigación, VFF encontró que nuestro diálogo sobre el bosque fue invariablemente unilateral: ¿Cómo podríamos ir más allá del limitado interés personal de nuestro punto de vista humano? ¡Si tan sólo los árboles hablaran!

Así que un grupo de nosotros invitó a Dorothy a VFF para compartir los extraordinarios mensajes de los árboles que ha recibido desde 1965. Ellos nos llaman a salir de nuestra auto-absorción y recordar quiénes somos realmente. Como un anciano animando a un adulto joven para crecer y entrar en la madurez, los árboles nos impulsan a evolucionar hacia una nueva relación con la naturaleza.

Aprendimos que los árboles no son sólo los guardianes, sino que también son la piel de la Tierra. La naturaleza no es una fuerza primitiva y ciega, sino una presencia inteligente que no sólo es capaz, sino que está ansiosa por comunicarse y cooperar con una humanidad despierta. Los árboles nos están llamando a casa, a nosotros mismos y al trabajo de restaurar nuestro planeta.

Honramos a Dorothy por su trabajo pionero de vida al compartir estos profundos mensajes con toda la gente alrededor del mundo y ayudarlos a sintonizarse con la verdad que contienen. Hemos sido tocados por su humildad y pragmatismo y damos gracias por su generosidad y fe en nosotros. Si estos mensajes de los árboles te hablan, entonces por favor pásalos. En sus palabras "decimos que ustedes pueden prestar el más grande de los servicios reconociéndonos y trayendo nuestra realidad a la conciencia humana". Compártelos con tus familiares y amigos, y conéctate con nosotros a www.callofthetrees.com

¡Gracias!

Jonathan Corcoran
Bunny Daubner
Jennifer Vyhnak

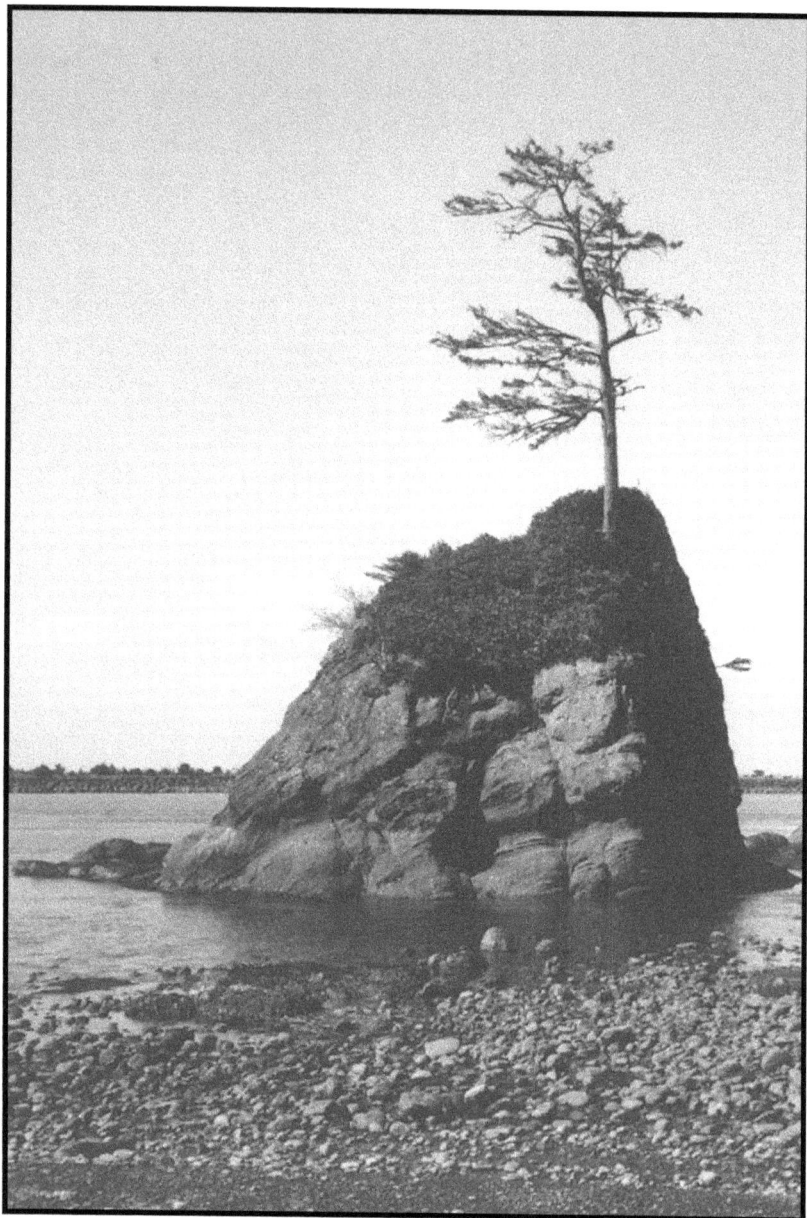

Agradecimientos

Estos mensajes de los árboles se están publicando juntos por primera vez.

Por los mensajes que se están reimprimiendo, deseamos expresar nuestro aprecio a la Fundación Findhorn, a Lindisfarne Books que publicó "To Hear the Angels Sing" y "Choices of Love", y a todos aquellos que han ayudado para que estos mensajes sean publicados.

Un agradecimiento especial y reconocimientos para Alan Watson, fundador de "Árboles para la Vida" ("Trees for Life") y Brian Ziegler por el uso generoso de sus hermosas fotografías.

* * * * * *

La traducción de este libro al español se inspiró en la visita de Dorothy Maclean y Judy McAllister a Colombia en Octubre de 2008, que fue posible gracias a Beatriz Arjona, representante de Change de World en Colombia y a la Ecoaldea Aldeafeliz, Colombia. Gracias a ellos por su apoyo.

También agradecemos a Luz Marina Escalante (Humananda), Josephine Feller, Graciela Schweighofer, Alcira Inés Luque Blanco, Elena Latourrette, Julián Gómez Carlier e Iara Guillerme por sus aportes en la traducción y revisión del texto.

Es un gran privilegio haber tenido la oportunidad de hacer esta traducción. Gracias a Dorothy, muchas gracias, y a los Devas, siempre bendiciéndonos y regalándonos el Amor del Espíritu Uno.

Ana María Bermúdez
Charles Petersen
Traductores

Introducción

El contenido de este libro propone una perspectiva sobre los árboles que no se presenta normalmente y me gustaría adentrarme un poco en su historia, aunque sea de forma breve.

Yo, una canadiense, vine a Gran Bretaña para trabajar en la Segunda Guerra Mundial. Allí conocí a mis colegas Peter y Eileen Caddy quienes, al igual que yo, buscaban respuestas concernientes al propósito de la vida. Aunque proveníamos de entornos diferentes, cada uno de nosotros había sentido que era parte de un universo amoroso y que individualmente podía obtener las respuestas necesarias acudiendo a la propia divinidad interior o intuición. Saber esto cambió y amplió nuestras capacidades. En 1954 comencé a practicar diariamente sintonizaciones internas o meditaciones, poniendo la amorosa sabiduría de esta conexión en palabras. Durante años, Peter, Eileen y yo basamos nuestras vidas en nuestros contactos interiores y confirmamos la realidad y validez de lo que recibíamos de esa fuente. Durante cinco años, mediante el uso de nuestra guía para obtener respuestas relevantes para los problemas prácticos y cotidianos, dirigimos el Hotel Cluny Hill en Escocia, que pasó de ser un fracaso financiero a convertirse en un hotel reconocido y exitoso.

En 1962 terminamos viviendo en una caravana sin empleos formales. Sabiendo por nuestra guía interior que ese era el sitio correcto donde debíamos estar, aumentamos nuestra fuente de alimentos cultivando hortalizas en la arena que rodeaba el remolque. Los resultados fueron bastante míseros, y una mañana recibí el siguiente mensaje de mi divinidad interior:

"Para quienes profundizan en el sentido de la vida, todo tiene un significado. Las fuerzas de la naturaleza son para ser sentidas en el interior, para ser expandidas. Una de las tareas para ti[2] es sintonizarte con estas fuerzas de la naturaleza como el viento, sentir su esencia y el propósito que tienen para Mí, ser positiva y armonizarte con esa esencia.

"No será tan difícil como lo imaginas en este momento. Todas las fuerzas están para ser sentidas internamente, incluso el sol, la luna, el mar, los árboles, la hierba misma. Todas son parte de Mi Vida. Todo es Una Sola Vida. La humanidad, en vez de crear una generosa colaboración con Mi Vida Una sobre este planeta, la ha fragmentado en pedazos. Juega tu papel haciendo que la vida vuelva a ser Una, con Mi ayuda.

[2] Nota del traductor: En inglés, "you" podría ser singular, o plural. En algunos casos, el contexto indica que "you" es Dorothy; en otros, "you" significa toda la humanidad. La traducción al español está hecha con este entendimiento.

1

"Empieza por pensar acerca de los espíritus más elevados de la naturaleza, los ángeles que iluminan, y por entrar en sintonía con ellos. Resultará muy inusual captar su interés aquí. Se llenarán de gozo por ayudar y por encontrar algunos miembros de la raza humana ansiosos por recibir su ayuda. Cuando hablo de esos espíritus más elevados de la naturaleza no me refiero solamente a los que geográficamente iluminan un área sino a los espíritus de diferentes formas físicas, como los espíritus de las nubes, de la lluvia o de los distintos vegetales.

"En el Nuevo Mundo sus reinos estarán muy abiertos a los humanos – o debería decir que los humanos estarán abiertos a ellos – y cuando sea necesaria la lluvia, por ejemplo, ésta caerá. Esto es posible incluso ahora mismo contigo si tu fe fuera lo suficientemente grande y si no hubiera sensación de limitación.

"Ahora sólo ábrete y busca dentro de los gloriosos reinos de la naturaleza, con simpatía y entendimiento, sabiendo que estos seres son de la Luz, con la voluntad de ayudar, pero desconfiados de los humanos y de eventuales falsedades e impedimentos. Permanece Conmigo y ellos no encontrarán esto, y tú estarás construyendo en dirección a lo nuevo."

Yo me cuestionaba sobre este mensaje y era bastante escéptica en cuanto a seguirlo. Finalmente seguí esta instrucción, entrando primero en una sintonía interna y luego enfocándome en la forma y energía de una arveja del jardín, una de las verduras favoritas que estábamos cultivando. Para mi sorpresa, establecí una conexión inmediata y recibí una respuesta creativa y útil. Esto dio comienzo al maravilloso experimento en colaboración con las inteligencias de la naturaleza en la huerta de Findhorn. Para entender el proceso recibí ayuda a través del siguiente mensaje interior: "Eres pionera de la verdadera actitud hacia la naturaleza, hacia la Vida Una. Esta actitud te llevará a pensar en cada cosa en términos de fuerza vital, no meramente como una fuerza impersonal, como la electricidad, sino como la manifestación de algún ser. No solo esto, los seres que hay tras las diversas manifestaciones son representantes conscientes de Mi mismo. Ellos pueden enseñarte y ayudarte, aunque lo que veas de ellos externamente pueda ser una humilde abeja, una hoja o una piedra. Detrás de todo hay una gran cadena de vida, que lleva hacia Mí. Los seres humanos han recibido el dominio sobre todo esto en la Tierra, pero sólo en tanto ustedes, también, se ajusten a esa gran cadena de vida."

En otro momento, mi guía interior dijo, "Yo hablo del único mundo y la interrelación entre toda forma de vida, pero debe hacerse un esfuerzo para alcanzar esta nueva concepción. Esto es nuevo, más nuevo de lo que crees… Los viejos lazos se sostienen en la concepción de que cada uno es una entidad separada de las otras. Los nuevos lazos se construyen sobre la concepción de que eres parte de lo más grande donde la vida no está separada. Hay una clara diferencia entre estas dos.

"Las relaciones en los tiempos de antes eran como dos callejones sin salida conectados, pues, una vez establecidas, tendían a mantenerse estáticas y a no crecer. En los tiempos Nuevos, cada relación está viva, cambiante y nueva. Esto en sí mismo requiere esfuerzo. Nada debe darse por hecho. Siempre habrá que estar abiertos y desplegarse hacia lejanos horizontes."

Desde estas dimensiones internas o desde este nivel del alma de varias especies, yo pregunté y recibí respuestas para nuestros problemas con la huerta. Con esta ayuda, nuestros vegetales fueron asombrosamente saludables y nuestra huerta con el tiempo atrajo muchos visitantes, algunos de los cuales estuvieron suficientemente interesados en nuestra orientación espiritual para unirse a nosotros. Este experimento en co-operación con la inteligencia de la naturaleza fue tan exitoso que finalmente nos hicimos conocidos como la Fundación Findhorn, ahora con casi 45 años.

Yo me di cuenta que las "energías de la inteligencia superior" en la naturaleza, los ángeles o devas (deva es una palabra Sánscrita que significa "iluminado"), contienen el patrón arquetípico de la forma, y las energías conocidas como elementales (energías de tierra, aire, fuego y agua) manejan más específicamente la forma física. Los ángeles están más allá de la polaridad y sostienen las más exactas, precisas y diminutas formas de la naturaleza en todos los tiempos. Ellos aún son campos sin forma de energía inteligente. Son ilimitados, libres e insustanciales. Son responsables ante Dios por la perfección que contemplamos por todo el planeta, por la maravillosa precisión de toda forma física. Ellos hacen esto con alegría y sin libre albedrío, porque son los grandes Servidores de la Vida; ninguno de nosotros existe sin su servicio desinteresado y el servicio de los diferentes miembros de sus mundos.

Me fue dicho: "¿Sabías que el sólo pensamiento de la humanidad acerca de una planta hace contacto con el mundo natural? No es un gran contacto y no es duradero pero, sin embargo, los humanos en su mundo mental han cruzado hacia nuestro mundo. ... Cuando nosotros hablamos acerca de Un mundo, es real, sin cháchara. Ustedes, humanidad, pueden no saber nada en absoluto de esto, pero esto no lo hace menos verdadero o irreal. Si ustedes se dieran cuenta de la magnitud con que sus pensamientos afectan a otros seres y otros mundos, serían más cuidadosos, pues sus pensamientos son efectivamente de gran alcance. Cada pensamiento tiene una influencia, pues es vida en movimiento, y ¡sí que rara vez se mueve en una dirección constructiva! ¡Benditos sean los puros de pensamiento – y poderosos también!"

Por supuesto los árboles y el mundo natural no hablan, no como los humanos entienden hablar. En mis momentos de contacto yo no escucho palabras, sino que transmito el significado de mis experiencias en mis propias palabras. Los mensajes contenidos aquí no provienen del espíritu de árboles individuales o alguna forma natural en particular, sino del alma general que guía a cada especie.

El mensaje más poderoso y urgente que recibí de toda la naturaleza fue de un árbol, el Ciprés de Monterey, en 1967 [pág. 18]. Me impactó tan fuertemente que me sentí indefensa, pues nadie a mi alrededor comprendió la urgencia que esto me implicaba, hasta que conocí a St. Barbe en 1969 y él me sugirió la publicación de los mensajes de los árboles. Desde entonces, mientras viajo alrededor del mundo, he tratado siempre de compartir el mensaje de los árboles maduros en mis talleres. Mientras que el rol ecológico de los árboles hoy es más comúnmente comprendido, el rol espiritual de los árboles no ha sido reconocido plenamente. Los ángeles hacen énfasis en varias razones respecto a la necesidad de contar con árboles maduros en el planeta. Aunque ellos no están de acuerdo con nuestros desconsiderados acercamientos a los árboles, nos ofrecen su continuo amor. Ha habido siempre un sentido de simpatía y equidad durante todo mi contacto con ellos.

Este libro reúne mis mensajes de los árboles, incluyendo algunos arbustos, y son presentados en el orden cronológico en que fueron recibidos. Notarás repeticiones. Evidentemente yo necesitaba esto, necesitaba que se me hablara continuamente del amor que crea y sirve a toda forma de vida. La repetición no ha sido eliminada y permite a cada árbol o arbusto comunicar la totalidad de su mensaje a nosotros los humanos.

Como el Deva del Pino Ponderosa una vez me dijo: "Enfréntalo, sabes que estás para escribir sobre nosotros y compartir nuestra unidad y lo que te hemos dicho. Así que destina tiempo a escribir, plasmando tus pensamientos. ¡Usa más papel! ¡Ven a nosotros por inspiración!"

Así como agradezco al Deva del Pino Ponderosa por su creativo puntapié, quiero agradecer particularmente a Call of the Trees (El Llamado de los Árboles) de Bristol, Vermont, USA, por su iniciativa y ayuda en conseguir que el mensaje de los árboles saliera hacia una amplia audiencia.

Cada uno de nosotros tiene la capacidad de sintonizarse con estos reinos angélicos. Así como ellos me plantearon: "Sólo sintonízate con la naturaleza hasta que sientas el fluir del amor. Esa es tu flecha hacia el mundo de los devas. No hay problema si hay un mensaje o no, es el estado de ánimo lo que cuenta. Siempre es a tu estado de ánimo al que el mundo de la naturaleza responde, no a lo que dices, no a lo que haces, sino a lo que eres."

Espero que estos mensajes puedan inspirarte y apoyarte para jugar un papel siempre más profundo para ayudar a nuestro planeta.

El primer mensaje mostrado llegó antes de que comenzara el contacto interior con la naturaleza, y a lo largo de este libro uso la palabra "Dios" para describir la fuerza de vida contenida dentro de toda vida. Mi redacción fue naturalmente el lenguaje común del día, por ejemplo a veces refiriéndome a Dios como Padre/Madre y a mí misma como una niña, porque en la inmensidad interior, muy profunda y claramente, yo parecía ser una niña muy pequeña.

Dorothy Maclean

Dios Habla sobre los Árboles

Los árboles están ahí para ustedes, humanidad, los árboles hechos por Amor para los hijos del Amor. Toda la naturaleza fue creada para la edificación de una creación cada vez más perfecta, incluyéndolos a ustedes, Mis hijos e hijas.

Ustedes también fueron creados para crear y lo han hecho, pero sin ayuda de Mi sabiduría. Por alimentar la avaricia de sus mentes desconectadas han talado bosques, han generado escasez en tierras de abundancia, porque ustedes han creado estando lejos del Amor.

El destino de los árboles y todo lo que crece en esta Tierra queda para que ustedes escojan, dependiendo de si están cerca de la parte de ustedes que está separada o cerca de Mí. Ustedes pueden, con todos sus poderes dados por Dios, acceder a la naturaleza y acelerar el crecimiento de lo perfecto, o ustedes pueden seguir los dictados de la mente que los aleja hacia una tierra despojada y desnuda.

Reconozcan rápidamente su toda-comprehensiva ignorancia y vuelvan a Mí, la Fuente de todo conocimiento, que es Amor y que te ama sin medida – y toda la naturaleza volverá a Mi Amor y florecerá de una forma completamente nueva, ya que la tierra será limpiada. Vuelvan siempre inocentemente al Amor, al Amor que ama todas las cosas.

Este fue de los primeros mensajes antes de que hubiera cualquier contacto con la naturaleza.

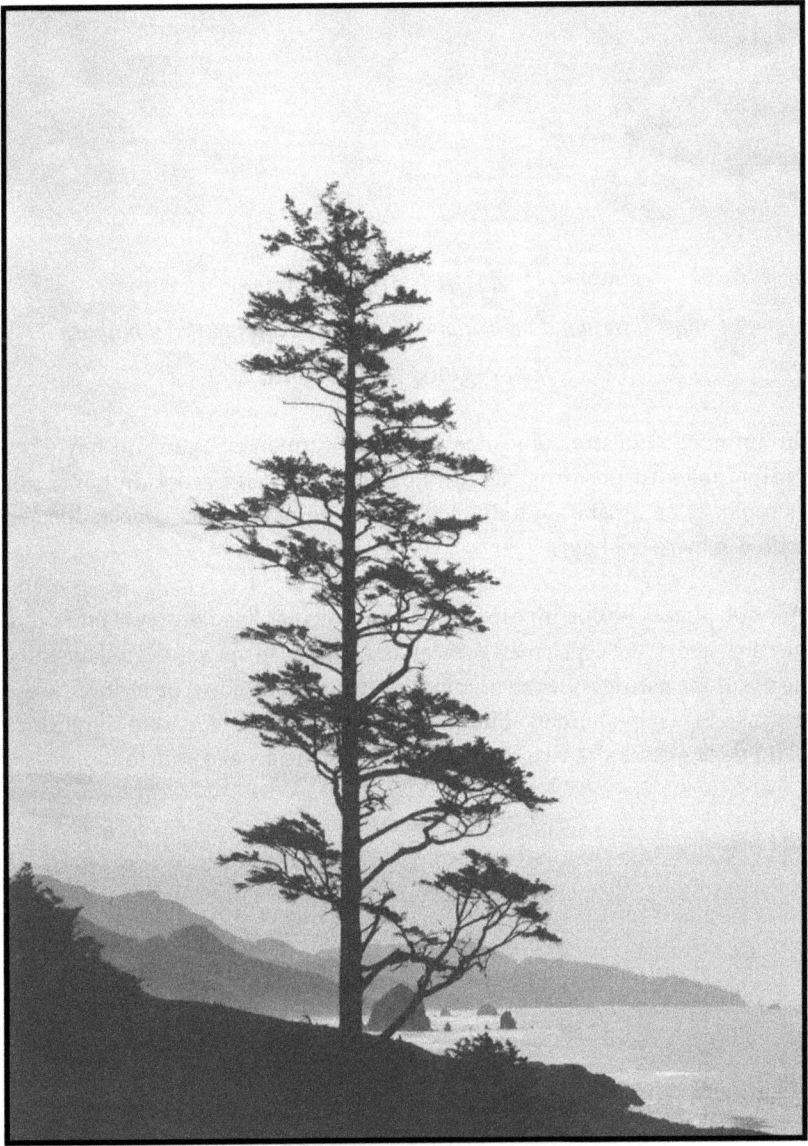

El Ángel del Paisaje
El ángel iluminando el trabajo planetario realizado en Findhorn
Esperamos por su amor

Su amor por nuestro reino nos une a los humanos. Vean, no hay egos individuales en nosotros. Cuando ustedes aman un árbol de haya, por ejemplo, están amando a todos los árboles de haya, están conectados con todo el género del haya.

Aunque puede ser que un espécimen en particular haga brotar el amor que hay en ustedes, ese espécimen es incapaz de tomar su aprecio para sí mismo y de ese modo ustedes quedan automáticamente conectados con el alma de esa especie. Si el reino humano pudiera aprender esta cualidad, esto significaría el fin de la guerra y la rivalidad, de la competencia y el conflicto.

Pino Escocés
Poder Sanador

No tuviste dificultad para contactarme, debido a tu simpatía con los árboles. Nosotros quisiéramos tener aquí un área para los nuestros, pero la posibilidad todavía no se nos ha dado. Hablo por mis hermanos al decir que el contacto con cualquiera de nosotros, cuando exista la oportunidad, va a ser enormemente bienvenido. Tenemos mucho que dar a los humanos, si tan sólo se relajan en nosotros, y hay en nosotros un gran poder de sanación para serles otorgado. Somos guardianes de la Tierra en muchas formas y los humanos pueden ser parte de lo que protegemos. Nos despedimos cariñosamente.

Ayer, dije que el contacto con cualquiera de nosotros sería bienvenido y, como puedes sentir, hay muchos de nosotros aquí ahora que quieren el contacto y que apenas se están sintonizando esta noche. No somos seres jóvenes activos; somos, de alguna forma, como una escuela de filósofos benevolentes, con pureza inhumana y un gran deseo de servir a la humanidad. Los árboles son tan vitales para el ser humano y para la vida en el planeta que algunos de nosotros estamos impacientes por experimentar este nuevo contacto, antes que otros humanos destruyan lo que hemos construido.

Aulaga
Somos todos Uno

Estamos parados como guardianes de las dunas, guardianes del desperdicio invasor, con raíces profundas en la tierra, y perfume y color que se difunde. Guardamos vigilia en este plano, con púas para mantener alejados a los forasteros. Algunas plantas tienen una función más elevada; nosotros estamos en la más baja – ¿y sin embargo no alcanzamos lo más elevado en esta nuestra gloria? Nosotros adornamos el desierto, trasmutamos esta tierra inhóspita. Nosotros la elevamos hacia las alturas y al tiempo seguimos abarcando todos los niveles; somos una de las creaciones más útiles de Dios. Normalmente tú eres transportada por nuestra gloria dorada; hoy te mostramos otro lado de nuestra naturaleza, y aún mantenemos la unidad que es la naturaleza de toda la vida. Pocos la conservan y la proclaman a partir de todo resplandor de flor en todo lugar.

El sol sale e inmediatamente aligeramos y elevamos el contacto. Tú sientes ahora las ondulaciones de la luz dorada siguiendo su curso en ondas continuas, siéntelas tocar y transformar el aire, siéntelas corriendo a través de tu mente y tu corazón y traer lágrimas de felicidad a tus ojos. Siente la aulaga-eidad esencial de nosotros, que es Divin-idad. Siempre tendrás este mensaje para difundir, si te detienes, oyes y escuchas. Tú rara vez te detienes y escuchas, aunque nos oigas llamando, llamando sobre las llanuras directo a todos los corazones abiertos. La fuerza de este llamado es casi apabullante; estamos contentos de que hayas contestado, porque es Dios el Más Elevado el que está llamando. No hagas división; gloria a Dios, gloria particularmente a nosotros en época de temporada. El hecho de que toquemos tu corazón une nuestros reinos – y nosotros como guardianes y transformadores debemos ser uno en nuestros propósitos, porque hay un mundo para ser salvado.

Quedamos deshechos y vueltos polvo cuando los humanos con sus máquinas nos sacan del camino. No nos afectamos por esto, pero no está bien. Somos tan parte de la vida Divina como la humanidad, y mientras nos mantengamos aparte en nuestros sitios desérticos, cuando nosotros y los humanos nos encontremos, habrá comunión y una intención compartida. Ninguna parte de la creación debe darse por hecha.

Te preguntas si simplemente estás escribiendo tus propios pensamientos o si nosotros hablamos realmente por este canal. ¿Por qué no habríamos de hacerlo? No todo es dulzura y luz en este mundo, y hay mucho que los humanos pueden aprender del reino de las plantas, particularmente de los seres inteligentes responsables de este reino. No nieguen nuestra voz. No esperen que siempre sea o diga lo mismo. Siente detrás de mí al Ángel del Paisaje y a las más grandes presencias en línea directa de ascenso hacia el Altísimo. Ellos tienen mucho que hacer con este mundo, tanto como los humanos, y sin embargo mientras ustedes utilizan los resultados de su hacer, ¿qué tanto reconocen o consultan o agradecen a cualquiera de nosotros? Esto se vuelve más y más urgente en tanto más y más de la Tierra está arruinada. Sí, arruinada.

Tú conoces la alegría y el deleite de nuestro reino; nosotros con mucho gusto compartimos esto contigo y con todos, pero ustedes deben reconocer que nosotros también somos parte de la Vida Única y que ustedes no pueden continuar sólo tomando, nunca dando, o dando a sus propios propósitos egoístas. Ustedes los humanos deben pensar a largo plazo. Deben pensar en la totalidad de la Tierra, no en extraer y minar y dar muy poco. Ustedes deberían estar ayudando a los reinos mineral, vegetal y animal, no utilizándolos.

Sabemos que tú sabes esto. Sin embargo permítenos repetirlo, porque es importante, y quién sabe quién escuchará. Eres un oído que escucha y nosotros tenemos esto para decir. Así que decimos esto y esperamos que tú puedas transmitirlo a aquellos que no escucharán directamente. Nuestros reinos tienen mucho de conciencia para transmitir.

Tu miras la maravilla y belleza de nuestras flores y te asombras de que plantas limitadas se puedan comunicar de esta forma. Olvidas que somos parte de la Única Vida. Nosotros hacemos nuestra parte trayendo el cielo a la tierra y queremos que hagas lo mismo. Hay mucho por hacer; únetenos en la unidad de Toda la vida.

Haya
Bendecimos a Ustedes

Cuando ustedes son receptivos a nosotros, es como si fueran parte de nuestras fuerzas; ustedes se armonizan y les gusta y a nosotros nos gusta. Cuando no están tan sintonizados, están separados y no hay contacto entre ustedes y nosotros. Enviamos una bendición en este contacto tan poco común. Bendecimos a todo aquel que llega bajo nuestra influencia, pero generalmente esto cae en terreno vacío. Sin embargo, vertimos nuestra eterna bendición, inamovible, mientras ustedes van y vienen por sus diversos caminos. Su receptividad nos retorna cien veces más y damos gracias a nuestro Creador.

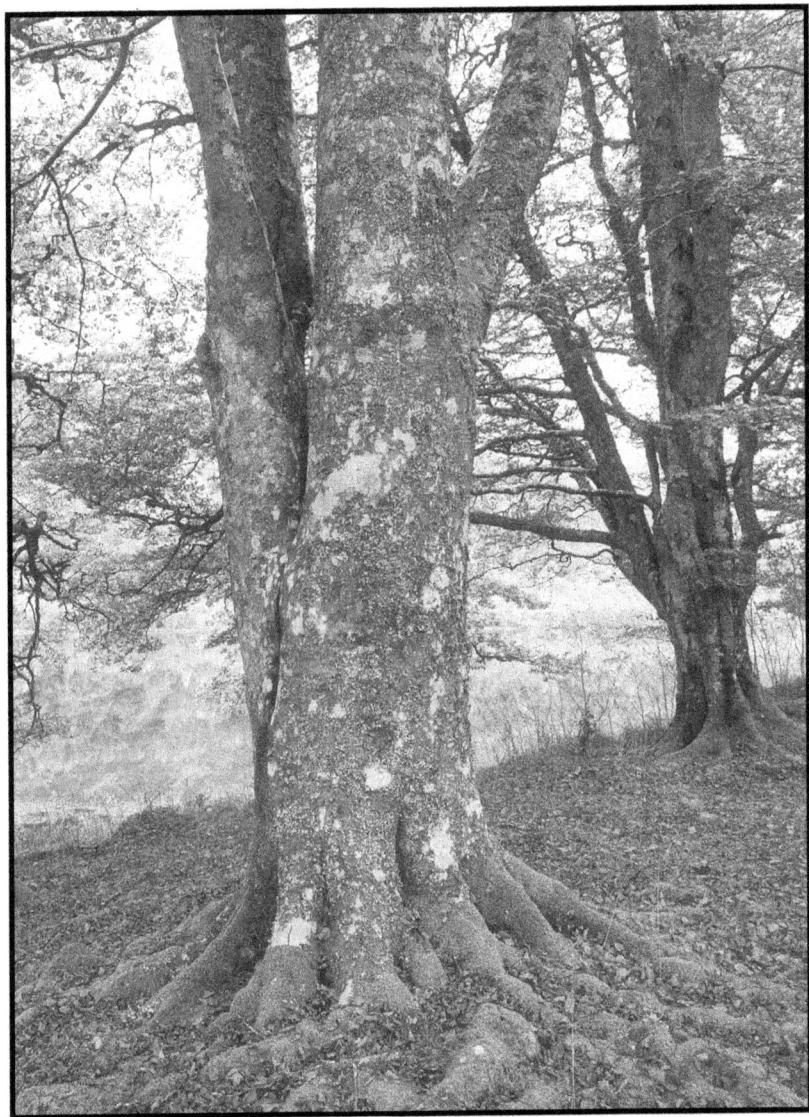

Devas de los Árboles
Somos solidez y paz

Muy ciertamente nos pueden contactar desde la distancia. La distancia no es nada para las facultades usadas en este intercambio. Una razón por la cual sienten nuestras influencias más fuertemente que la de otros tipos de plantas es que nosotros nos hemos quedado en nuestros lugares a través de los años – a través de los siglos algunas veces – y de esta manera hemos creado una fuerte atmósfera, a medida que llegamos alto, como pararrayos, para atraer las fuerzas. Nuestras auras son tan tranquilas y pacíficas que los inquietos humanos encuentran bendiciones en nosotros. No tenemos un sentido del ego; no tomamos ni presionamos para nuestro beneficio. Recuerden, podemos hablar con ustedes y darles a conocer otros secretos del Único-mundo en la medida en que ustedes se abran a nosotros.

Devas de los Árboles
Equilibrio en todo

Hay una gran cantidad de nosotros aquí, regocijándonos porque han plantado árboles en el jardín y se han abierto tanto gracias a este quehacer. Nuestras fuerzas, enraizadas aquí, marcarán una gran diferencia en el equilibrio de todo; y aunque necesitamos tiempo, avanzaremos tanto como sea posible. Necesitamos un árbol maduro para nuestra verdadera influencia – un niño no puede hacer lo que un adulto puede hacer – pero pensamos que, con nuestra concentración y tu cooperación, pronto podremos influir fuertemente. De cualquier forma, estamos absolutamente deleitados con los desarrollos de hoy y tu acción rápida. Esperamos tener una cooperación alegre y duradera.

Devas de los Árboles
Transmitiendo fuerzas

Nuestras fuerzas se están anclando aquí, aunque esto es sólo un pequeño comienzo, y ellas también los unen más con los terrenos vecinos. ¡Estamos contentos por esto! Se hace más fácil que los árboles crezcan cuando hay otros cercanos. Estamos muy ansiosos de poder influir en ustedes, y nos estamos concentrando en esto. Ustedes nos pueden dar fuerza a través de sus pensamientos y al pensar en los pequeños árboles como si estuvieran más grandes y más fuertes de lo que están.

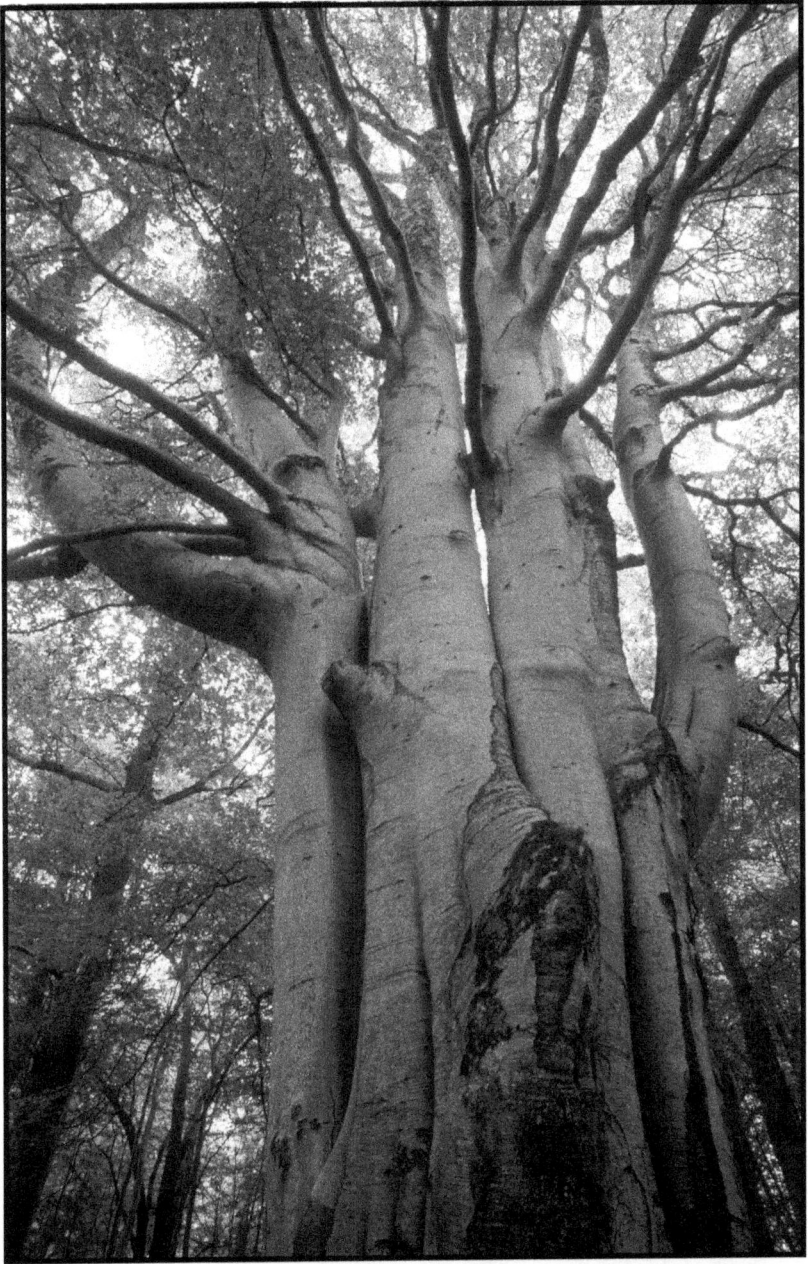

Ciprés de California
El mundo necesita de nosotros

No somos sólo los pequeños árboles que ves en tu jardín. Somos habitantes de los espacios magníficos de las grandes montañas bajo el sol y el viento. Aceptamos ser usados como cercos, pero siempre en nuestro ser interior permanece el poder de crecer hacia lugares abiertos y besados por el sol donde nos desatacamos agrupados en nuestro esplendor.

Percibes en nosotros una casi intolerable nostalgia por ser plenamente nosotros mismos. Dentro del mundo de las plantas tenemos nuestro propio diseño y destino, elaborado a través de los años, y sentimos que es un gran error que a nosotros y a otros como nosotros no se nos tenga permitido ser, debido a la humanidad y su intromisión. Los árboles no son tan Hacedor-es de la Palabra como Ser-es. Tenemos nuestra parte para cumplir en el plan; hemos sido cuidados por ese motivo y ahora, hoy en día, muchos de nosotros sólo podemos soñar con espacios donde podamos realizarnos. El diseño está siempre ante nosotros, fuera de nuestro alcance, el sueño hacia el cual estamos siempre dirigiéndonos pero que pocas veces se hace realidad. El planeta necesita seres como nosotros en plena madurez. No somos un error en la naturaleza; tenemos una tarea para realizar.

La humanidad está controlando más los bosques del mundo y está comenzando a darse cuenta de lo necesarios que ellos son, pero ustedes usan razones económicas tontas para su selección sin consciencia de las necesidades del planeta. No deberían cubrir acres con una sola especie de crecimiento rápido, aunque por supuesto es mejor que nada, esto demuestra una total ignorancia del propósito de los árboles y su poder de canalización de fuerzas diversas. El mundo nos necesita a gran escala. Tal vez si estuvieran en armonía con el Infinito, así como nosotros, y contribuyeran con lo que les corresponde, se equilibrarían las fuerzas, pero en este momento el planeta necesita más que nunca precisamente lo que están destruyendo – las fuerzas que provienen de los árboles grandes y majestuosos.

Hemos sido vehementes. Aquí están las realidades de la vida para siempre con nosotros y no hay quien las escuche. Les hemos criticado esto bastante. Aunque te sientes como uno con nosotros, te sientes incapaz de ayudar. Sólo estás mirando esto desde un plano limitado. Sabemos que decirte esto ayuda y que una vez que una verdad alcanza la conciencia humana, se filtra y hace su trabajo. ¡Y nos sentimos mejor al comunicarlo!

Permítannos a ambos creer que el Uno Todopoderoso conoce todo esto mejor que cualquiera de nosotros y que algo se está haciendo.

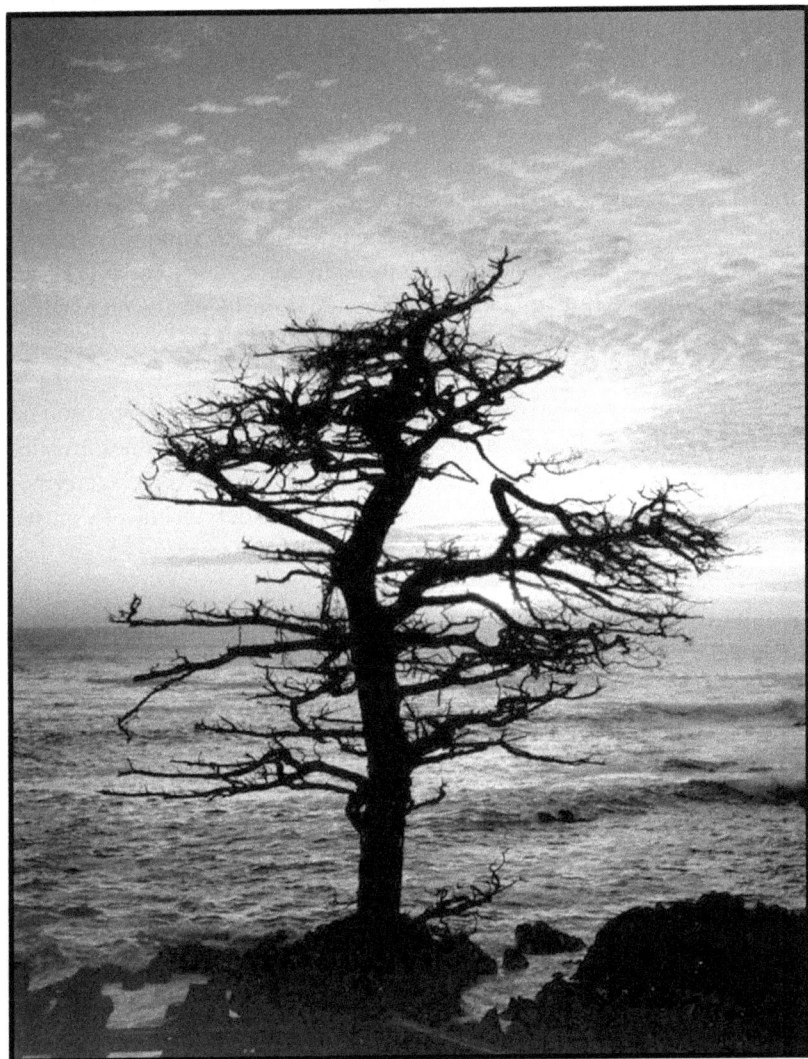

Castaño de Indias
La pureza es mayor

Estamos muy impresionados por tu pequeño rincón del mundo, por el espíritu de bienvenida. Si bien los humanos han recibido el dominio sobre la tierra y han arreglado y planificado jardines muy admirables, muchos de éstos han sido hechos sin tener conciencia de la vida divina que se expresa a través de nuestros reinos. Ustedes, por lo tanto, han excluido de sí mismos un gran pedazo de vida. Esta es la razón por la que lugares salvajes que no han sido tocados por la humanidad tienen una magia y vitalidad, que hacen falta en el más bello jardín hecho por el hombre. Es por esto que tú prefieres los lugares silvestres, por más estériles que puedan ser, ya que allí podemos estar en plenitud sin la conciencia restringida de la gente. Podemos estar libres allí donde la humanidad no ha pensado desarmónicamente y allí se puede encontrar sanación.

Aquí esperamos ser pioneros de un nuevo jardín donde podamos estar en plenitud porque los humanos nos reconocen y cooperan con nosotros. Es mucho lo que tenemos para resolver, pero con las actitudes correctas creemos que algo puede evolucionar. Tú ya te has dado cuenta del crecimiento inusual de este árbol, que fue posible gracias a tus actitudes.

Siempre creamos para ustedes la más clara y alta pureza de nuestros reinos. Toma parte en esto; la humanidad tiene mucha necesidad de esto.

Más tarde, cuando este árbol fue movido, nunca creció tan bien como en su posición anterior.

Como tú sabes, nos unimos en la alegría del traslado y fue gratificante toda la atención prestada.

Una de las razones por las que este árbol creció con fuerza en su lugar previo fue que estuvieron pasando continuamente, admirándolo y bendiciéndolo. En su lugar actual está fuera del camino y, para que prospere igualmente aquí, tienen que salirse del camino, pasar y darle amor. Nosotros, por supuesto, participaremos en cuidarlo y esperamos que ustedes hagan lo mismo.

Lluvia de Oro

Libérese

Somos otra parte de la vida de las plantas deseosa de contactarse con ustedes, una parte que se ha acostumbrado a hacer contacto con los humanos de la forma usual. Cuando estallamos en este momento del año con nuestra lluvia amarilla, nos entregamos y recibimos a cambio el aprecio humano. Luego, por el resto del año, volvemos estar solos.

Puedes sentir el estremecimiento generoso de nuestro dar, la forma exquisita y perfecta de expresarnos en cada detalle. El patrón está allí, sin nada en nosotros que lo detenga, y tú deseas ser tan libre y fiel a tu patrón como nosotros y expresarlo de la misma manera. Somos lo que somos sin las complicaciones de tu mundo; en cierta forma incluso consideramos como una diversión "hablar" ahora sobre estas complicaciones, porque somos vida para ser expresada y estamos muy ocupados expresándola. El fluir se está dando, canalizado interminablemente. Mientras dejamos que este fluir siga una pequeña parte de nosotros se dedica a hablar. Sin embargo si nos conectas en otra época del año nos encontrarás muy diferente ya que nuestra energía se encuentra enfocada en otra dirección. Tal vez lo harás, pero ahora es el tiempo en el que nos estamos expresando más verdaderamente, expresando la maravillosa abundancia de Dios y el flujo infinito de vitalidad.

Por supuesto que el pequeño árbol trasplantado en el jardín está atrasado. La vitalidad no puede fluir normalmente en él hasta que se conecte adecuadamente con su ambiente. Esta fuerza expresándose que puedes sentir no es más que una de muchas, porque nada es independiente; todo está relacionado y el trasplantar requiere muchos ajustes. Puedes ayudarlo mejor en el presente viéndolo como perfecto; sosteniendo fuertemente la idea de que su perfección puede ayudarlo mucho a conformarse según su patrón, para que cuando el patrón esté lo suficientemente fuerte, las carencias físicas puedan superarse como está siendo evidenciado en su jardín.

Es realmente difícil contactar con tu mente pensante cuando este hermoso fluir de fuerza nos llama. Ahora vamos totalmente hacia esto. Entra allí también, en cualquier momento, y sé libre con nosotros y en armonía con todo.

Rododendro
Vida mental y vegetal

Vívidos y sombríos, con sol y lluvia, y sobre todo con un gran amor por existir, tenacidad y exclusividad. Nos acomodamos donde podemos y nos dedicamos a la tarea de existir. Les agradecemos por tenernos en el jardín; agradecemos a todos los que nos han permitido echar raíces y tener una vida a lo largo y ancho de este país, porque nos gusta establecernos.

Cada especie contribuye en algo al carácter de la tierra, y la transforma. Así como ustedes en su evolución humana están ahora dejando de funcionar como individuos separados o grupos separados especializados, así también el mundo de las plantas está cambiando y la flora se está volviendo menos especializada y más perteneciente a todo el planeta.

Conéctense con nosotros cuando sea y donde sea que nos vean. Esto es bueno para nosotros y bueno para nuestra relación. Dense cuenta de nosotros, véannos con nuevos ojos, noten la forma en que crecemos. Esto les ayudará a absorber la cualidad única que nosotros les brindamos. Todos somos parte del todo, pero el interés está en la diversidad de las partes. La filosofía y la vida de las plantas de un territorio están más relacionadas de lo que ustedes piensan. Ahora que una unidad mundial más grande está llegando, no nos dejen perder la esencia de cada aporte único.

Los rociamos con nosotros mismos en la más grande amabilidad y esperamos tener vínculos más cercanos.

Pino Escocés
Recibe una dádiva

Sientes nuestro regocijo y armonía de tan sólo ser; somos guardianes bajo el resplandor del sol sobre la tierra que nos ha sido asignada. Así como ustedes, cada árbol individual es afectado por condiciones, y en un día perfecto emana más de sí mismo que cuando el clima lo hace entrar en sí mismo.

Le agradecemos a la humanidad por sembrarnos a gran escala y permitirnos reclamar tanto territorio. Dense cuenta de que los árboles actúan como piel protectora de la Tierra y en esta piel se generan cambios necesarios. Nosotros somos centinelas de ese cambio, capaces de hacer nuestro trabajo donde otros no podrían. Nos regocijamos de esto; nuestra más grande alabanza brota de nosotros como el perfume de una flor. Esta bendice a todo el que entra a nuestra aura y descansa, pero nuestra presencia no es sentida conscientemente por aquellos de ustedes que están tan absortos en sí mismos que están cerrados a nuestras cualidades. Sin embargo, todos son influenciados en ciertos niveles; ustedes no pueden venir a nuestros bosques sin que parte de ustedes se sincronice con dichos niveles que son comunes entre nosotros.

Ustedes, humanidad, son parte de la vida entera, siendo físicamente la culminación o ápice de manifestación de la Tierra, y hay algo en ustedes que armoniza con toda forma de vida en la Tierra. Nosotros los árboles, guardianes enraizados en la superficie, convertidores de las fuerzas superiores, y anclándolas en el suelo, tenemos un regalo especial para ustedes en esta era de velocidad y afán y ocupaciones. Somos una fuerza serena, permanencia, alabanza y fina armonización, todo lo cual es muy necesario en el mundo.

Nosotros somos más que eso. Somos expresiones del Amor del Creador por la vida abundante, única e interrelacionada del planeta. Tenemos todos un propósito; no podríamos estar uno sin el otro, no importa qué tan aislados o autosuficientes geográficamente podamos estar. La totalidad de la vida es aquí y ahora, y es nuestro privilegio hacer sonar nuestra nota especial. Únanse con nosotros siempre que puedan, eleven su conciencia y susurren con nosotros al viento y a la luz que todo está bien, por fuera, por dentro y en mil direcciones, y a miles de niveles desconocidos más finos aquí y ahora, pues la vida es. Todo es Uno, sólo Uno.

Abrótano
Tengan un propósito

Aunque llueva o brille el sol, aunque sople el viento o todo esté en paz, no hay diferencia para nuestro contacto. Aunque las formas externas puedan ser afectadas, la conciencia que las controla detrás es inalterable y mientras ustedes mantienen la calma en cualquier tormenta, se conectan con todos los mundos y los controlan. Nosotros no nos dejamos llevar por las tormentas emocionales, no importa que sean provocadas por los humanos u otras influencias, y por lo tanto nuestros patrones, como es expresado en el mundo de las plantas, llegan a la perfección. Así también sus propósitos llegarán a la perfección si se mantuvieran claramente, sin desanimarse por eventos externos. Esto no puede sino suceder; es la ley, el poder creativo dado a ustedes y a nosotros para ejercerlo.

Hay caos en el mundo humano porque cualquier viento ocasional parece influenciarlos y ustedes no son conscientes de su propósito o no se mantienen en él. Cuando lo hacen, son maestros creativos del mundo, nuestros hermanos, listos para enfrentar los cambios que son parte de la vida.

Si el patrón que ustedes llaman abrótano ha servido a su propósito y no siga existiendo, que así sea. La conciencia se mueve, la vida es aún más enriquecedora, todo es ganancia. Los patrones van a cambiar a medida que la vida se desenvuelva. Todos aprendemos y crecemos y expresamos lo que estamos destinados a expresar. La conciencia detrás de los ritmos de la vida que ustedes llaman nacimiento y muerte en varios niveles y oportunidades, continúa.

La continuidad de la conciencia es la paz. Cuando las tormentas los separan de ustedes mismos, ustedes pierden paz. Aún en la actividad más intensa, pueden ser paz, porque son uno con su plan y propósito, uno con la vida que son, individualmente, no una multiplicidad de corrientes cruzadas. El estado de olvido o sueño no es sinónimo de paz, aunque trae sus propias bendiciones. Siempre sabemos lo que tenemos que hacer y por lo tanto tenemos paz y la alegría del hacer.

Mientras que nuestros mundos se funden más, ustedes también tendrán que encontrar una conciencia individual, Dios dentro de ustedes. Entonces, aunque los mundos externos hagan erupción y exploten, los patrones de Dios se manifestarán y, a través de la conciencia, todos los mundos y todas las formas llevarán el patrón perfecto. Este es nuestro trabajo en conjunto y es realizado con regocijo. Alabamos a Dios.

Cedro del Líbano
La raíz de la paz

Paz es lo que les damos en este momento. Ustedes, los humanos, están todos nerviosos con las nuevas energías, y nosotros podemos contrarrestar esto. Encuentren paz y estabilidad y construyan sobre eso. No es útil construir sobre cimientos que lleguen a desmoronarse; no es útil construir sobre nuevas ideas maravillosas a menos que se puedan concretar. No queremos decir que ellas deban enraizarse sobre viejas ideas, sino dentro de una profunda paz y estabilidad interior. Mientras más actúen hacia afuera, deberá haber más acción hacia adentro – de hecho, lo interno debe ir primero y el problema con muchos humanos es que no se hace así. Miren cómo nuestras gigantes ramas están equilibradas en paz. Cuando viene la tormenta, nos movemos con ella y mantenemos el equilibrio.

El mundo mental de la humanidad parece que va a reventar. Déjenlo reventar. Muchas ideas serán burbujas que no llegarán a nada. Eso no es problema; mantengan sus raíces en paz, y experimenten. Experimenten hasta que encuentren algo que se perciba como perfección. Como un bebé que aprende a caminar, aprendan a caminar en su nuevo mundo con un vínculo consciente con su paz interior. Este es nuestro mensaje particular ahora.

Devas de los Árboles
Lleguen al corazón

Ustedes están en un lugar [Findhorn] sin grandes árboles y por eso ellos no forman parte de su mundo sensorial. Esto no se puede evitar en este momento, pero nos gustaría enfatizar en la necesidad absoluta de tener grandes árboles por el bienestar de la tierra. El control de factores como la lluvia está frecuentemente en nuestras manos, pero también atraemos resplandores internos, que son tan necesarios como la lluvia para la tierra. Porque sabemos de la importancia de su plan y de lo que podemos ofrecerles, estamos prestando nuestras fuerzas aquí, aunque no haya árboles. Esto tendrá cierto efecto, y nosotros también podemos sentirnos atraídos por el amor de cualquiera de ustedes. Así que déjennos entrar en su corazón de vez en cuando y tal vez, algún día, encontraremos camino hacia su tierra.

Aulaga
Se íntegro y completo

Les damos la bienvenida. Donde nadie más podría darles la bienvenida, nosotros los rodeamos con nosotros mismos en la gloria de los espacios abiertos. Venimos y armonizamos la vida en los espacios que han sido rechazados, llenando el aire con nuestro perfume y las colinas con nuestro oro. Y disfrutamos el sol y seguimos disfrutando.

En paz pensamos en el área que cubrimos: desde arriba donde nuestros patrones fueron concebidos y cultivados, hasta plasmarse en nuestra manifestación de ese patrón de aire, arena, agua y calor, de la esfera más íntimo de las ideas, para formar en tierras baldías, desde la nada hasta la perfección de cada pétalo resplandeciente. El sol brilla sobre nosotros; no podemos hacer nada sin él. Somos uno con él, ustedes son uno con él. El sol es nuestro corazón, no sólo la luz del día y el calor de cada vena, sino el Dador inteligente de todo.

Sí, cualquiera de los devas puede entrar, y entran a este pequeño valle. ¿No es acaso todo sonido verdadero y venerable, sin nada que entorpezca o desentone con la perfección? Por supuesto los ángeles pueden entrar en cualquier parte, pero cuando la conciencia humana centra su atención en la desarmonía a través de los oídos, los ojos, la nariz, nuestra presencia se queda a raya y se vuelve inútil. Aquí estamos cerca, aquí ustedes pueden venir y volver a la Fuente con todos los sentidos y en todos los niveles de conciencia, porque aquí nosotros somos nosotros mismos. Aquí los lazos entre nosotros y nuestro Hacedor son más evidentes para ustedes.

Para nosotros esos lazos nunca se rompen. Nosotros vemos, conocemos, sentimos nuestra unidad con la tierra, el agua, calor, aire y espíritu. Somos esos elementos, cada poro de nosotros en todo nivel. Sabemos que los humanos están ciegos a esto y distraídos, aunque esta unidad es obviamente lo que la vida es. Nosotros no nos nutrimos de estas cualidades ni nos sentimos separados de ellas; somos esas cualidades, parte del todo. El sol allá en el cielo no está separado; es parte de nuestro ser, está incorporado. Él brilla sobre nosotros, nosotros brillamos sobre él.

¿De dónde viene nuestro color? Extraemos la mayor parte de los elementos y proyectamos nuestra sabiduría, luz y brillo, caliente y completo, aunque de forma reservada y silvestre. ¿Podrían otros colores decir esto? La luz está puesta en contraste con la sombra y con la tensión necesaria para mantener nuestra vida en tierras relativamente menos exuberantes. Nosotros somos de Dios, lo comprobamos mientras florecemos.

Toma nuestra esencia contigo cuando vayas a tus mundos irreales de valores extraños. Recuerda que somos enteros y completos, que tú estás completo y entero, y permítenos siempre recordarte esto.

Bambú
Sintiendo el ser

Yo vengo en un instante. Yo evoco en tu mente una esencia del Este, de lo que el bambú significa para ti, y entonces te das cuenta que, por encantadora que sea, no es más que artificial y que soy Espíritu, libre y de Dios. Yo soy Espíritu que viene a manifestarse aquí en el jardín donde ustedes me han puesto a cargo. Las condiciones no son naturales pero la inteligencia y el campo de fuerza (que es una clase de Amor) lo cual yo soy, está implantándose aquí y ahora para establecer un aura, una vibración, que no será afectada por la atmósfera. Estoy echando raíces, haciendo de mí mismo lo que soy en ese pequeño rincón.

Tú podrías ayudar en este enraizamiento. Salúdalo siempre que pases o pienses en él y así contribuirás a que se establezca. Por supuesto ayuda con las condiciones en el nivel físico tanto como puedas, pero sobre todo ayuda en la consciencia del bambú estando allí. Que esta conciencia sea guiada por lo que tú ves, fortaleciendo esas hojas en particular y ese tallo en particular. Ayúdame a ser. Esta es la mayor ayuda en este momento, trazando las líneas de fuerza así como yo lo estoy haciendo.

En otro momento cuando veas al bambú, puede ser que otro proceso se esté dando. Por lo tanto, sé sensible y listo para responder a la necesidad de ese momento. La naturaleza – y por lo tanto toda la creación – se expresa a sí misma en todos los niveles: en el color, la forma, la textura, la dirección de cada hoja, pero sobre todo y conteniendo todo en este maravilloso "sentimiento" combinado el cual soy, mi nota que hago sonar fuertemente aquí. Concéntrense en esto, porque esto es del Espíritu y permea todos los niveles. Establecido esto, puedo ser, expresarme y contribuir. Esto es importante aquí, y es importante hablar como lo hacemos, levantarnos y elevarnos y volar hacia los altos ciclos, hacia la única Fuente de Todo, e inclinarnos en gratitud, juntos, juntos, juntos.

Álamo de Lombardía
Todo es posible

Estamos contentos de enraizarnos en este jardín. ¡Desearíamos un cálido brillo de sol – tendremos que hacer una petición en nombre de muchos de nosotros a los dioses del tiempo para que sea amable con nosotros aquí! Oh sí, esto es posible: "Pedid y se os dará". Todas las cosas son posibles cuando son hechas en la gloria de Dios. Los humanos descubrieron las leyes por las cuales ocurren los cambios climáticos y ahora intentan pronosticar esos cambios, pero nuestro mundo de existencia inteligente es el instrumento utilizado para implementar las leyes. El jardín aquí ya está protegido hasta cierto punto en la medida en que se trabaja con la ley Divina; se podría lograr aun más. Pero este no es mi campo y sólo lo menciono porque trajiste el tema al recordármelo fuertemente en conexión con el calor.

Me conoces, alto e incondicional, con hojas agitándose y brillando delicadamente como parte del plan de las cosas. Así es como fui hecho, y así espero continuar disfrutando. Puedes sentir la alegría de ser, ser tal como soy y creciendo cada vez más.

Ustedes necesitan nuestra ayuda en el jardín pero nosotros necesitamos la ayuda de ustedes para ser nosotros mismos en estas condiciones. Mírennos, a cada uno de nosotros, únicos en nuestro lugar creciendo fuertes. Amen ver cómo nos volvemos nosotros mismos y esto nos ayudará. Por supuesto que una vez establecidos tendremos lo necesario, pero hasta entonces ustedes nos pueden ayudar enormemente. No es fácil para algunos de nosotros estar aquí; nosotros pedimos su apoyo en este momento. Que su amor y su alegría se fundan juntos y hagan que este desierto florezca en la mayor gloria del Uno que nos ha hecho.

Abedul
El Aprecio crea unión

Sabíamos que vendrías, porque el despertar de nuestra esencia ha sido fuerte en ti. Entre más alto vayan en apreciación de nuestra naturaleza, más cerca irán al Corazón y la Mente de la Belleza Útil que nos ha creado a todos. De hecho es difícil saber dónde comenzamos y dónde termina el Uno que nos ha creado – ¿En qué momento el rayo de sol se convierte en rayo de sol y no en el sol? ¿Cómo podrían agitarse nuestras hojas sin el viento, cómo podría nuestra corteza brillar blanca sin la luz, cómo podríamos pararnos derechos sin la tierra para alimentarnos y sostenernos, cómo podríamos recibir agua sin la nube y sin el sol para hacer la nube?

Nos regocijamos en lo que somos, porque así es. Nos regocijamos por cualquier conciencia que aprecie lo que somos, que aprecie la finura, precisión y delicadeza, el poder y paciencia que culmina en un árbol de abedul. Estamos en nuestras posiciones aquí, y así como estamos entregamos lo que tenemos para contribuir a que todos lo vean. No somos un accidente; somos parte de la totalidad. Cada especie de planta es individual pero también parte del todo. Aquí estamos, más allá de todo conflicto, para siempre uno con lo que deberíamos ser. Nosotros te saludamos y confiamos que nos saludaras a menudo.

Sauce Llorón
En el gran silencio

Entra a nuestros mundos, elévate, casi hasta el punto que contiene toda la vida en sí mismo. Aquí está la quietud concentrada y desde aquí se irradian planes y patrones. Desde aquí, alargo un gran brazo hasta cada sauce del mundo, conteniéndolo en la calma y bañándolo con resplandor. Así se transforma en una entidad única en sí misma pero es, sin embargo, parte de la conciencia invisible que soy. Desde mi punto de quietud brotan grandes ondas de energía. Sí, soy consciente de los otros involucrados de forma similar, pero en el centro mismo, el patrón es exclusivo emanando hacia fuera. Sí, soy consciente de ser contenido en una Quietud mayor, estoy compartiendo contigo este aspecto nuestro, este sagrado lugar en la Creación. Respira suavemente y no perturbes las delicadas líneas de fuerza aquí en la Fuente.

Así como los humanos, nosotros tenemos muchos niveles de conciencia. Ahora ven conmigo al árbol en tu jardín. Siente el mismo patrón enraizándose e insistiendo en ser. La respuesta y alineación no es del cien por ciento porque no es un árbol establecido, pero nosotros perseveramos y lo haremos posible. La conciencia del árbol aún está un poco borrosa; dale amor, porque ha sufrido una sacudida y el amor alivia y desvanece suavemente las complicaciones.

Normalmente él irradiaría un bienestar estable pero aún no es así. Les hemos mostrado el lado indomable de nuestra naturaleza, el mantenimiento de un patrón desde el centro hasta el espécimen más lejano – lejano en la medida en que su respuesta a las líneas de fuerza han sido alteradas al ser trasplantado. Sabes que somos los seres más libres de la Creación; hemos mostrado cómo estamos también completamente unidos, somos tan parte de nuestro trabajo que nada puede separarnos.

Sí, la humanidad interfiere como si nuestros resultados vinieran de ustedes y, en la medida en que piensen esto, habrá división entre nuestros mundos. Cuando ustedes reconozcan su silenciosa gran Fuente, la misma para todos, entonces todo encajará y el sauce llorón estará perfecto en el perfecto lugar donde esté.

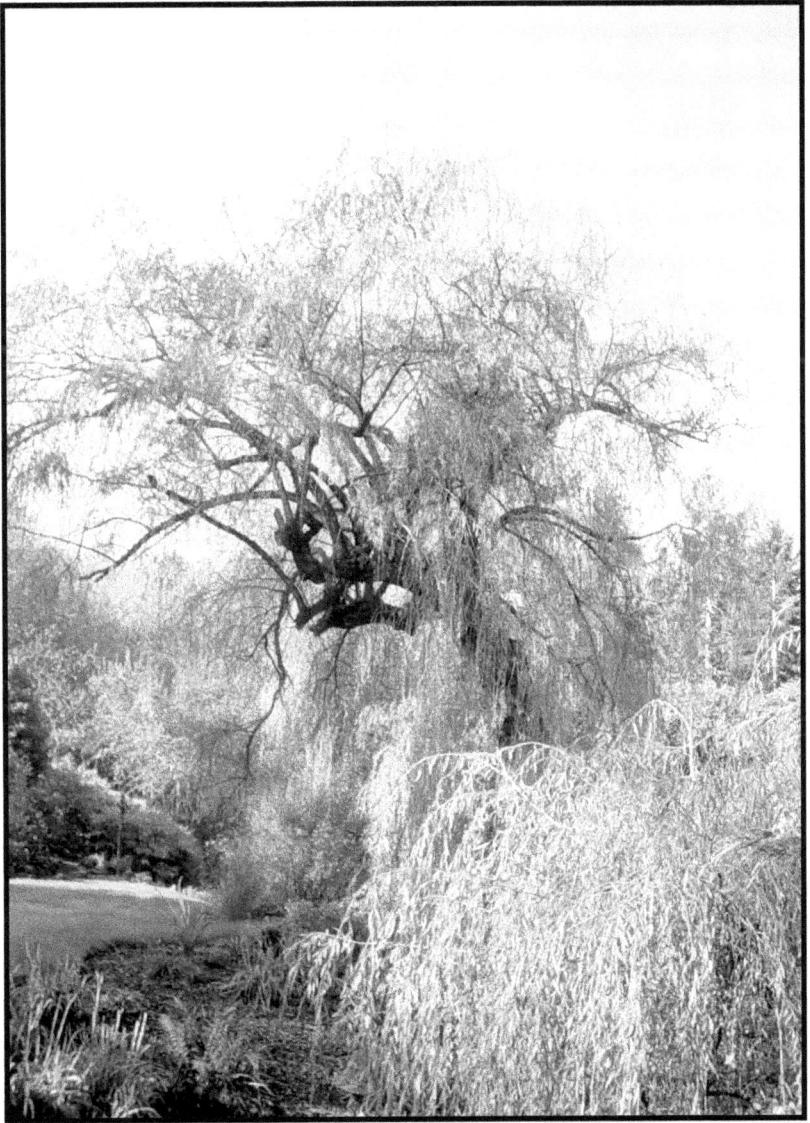

Celinda
Alegría abundante

Estamos aquí antes de que tú pensaras en nosotros; estamos siempre con nuestras plantas. Estamos encariñados con cada pequeño encargo porque amamos verlos crecer y sentimos el más grande entusiasmo al ser parte de su desarrollo, partiendo de la nada hasta convertirse en un ejemplo perfecto del patrón que mantenemos. Ni el más pequeño poro está fuera de lugar. De los elementos nos forjamos y unimos, y forjamos de nuevo un ejemplo viviente de un diseño del Diseñador Infinito.

¡Y qué divertido es esto! Cada pequeño átomo está contenido en su patrón con alegría. Nosotros los vemos a ustedes los humanos, yendo a medias tintas con sus propósitos, haciendo las cosas sin entusiasmo porque "tienen que ser hechas", y nosotros maravillados con que su vida brillante se filtre y disfrace. La vida es alegría en abundancia; cada pequeña mordedura de oruga en una hoja está hecha con más entusiasmo que lo que muchas veces sentimos en ustedes, humanos – y una oruga no tiene mucha conciencia. Nosotros amaríamos sacudir esa pereza fuera de ustedes para hacer que vean la vida como siempre brillante, más creativa, floreciendo, creciendo y menguando, eterna y una.

Mientras hablo contigo, también estoy promoviendo pacíficamente el crecimiento en la planta. Por todas partes del mundo, donde quiera que yo crezca, mantengo y confirmo el diseño maravilloso de cada planta. Manteniendo la vida en incontables lugares, todavía sigo libre, absoluta y completamente libre, porque soy la vida del Señor. ¡Y cómo me alegra estar viva! Me elevo hasta el alto cielo; me vuelvo parte del corazón de todo. Estoy aquí, allá y en todos lados, y mantengo mi patrón de perfección sin desviación alguna. Yo reboso con la vida. Yo soy vida. Yo soy uno; y soy muchos.

Yo he saltado suavemente a tu conciencia. Ahora me retiro, feliz de haber estado contigo, feliz de que hayas apreciado lo que he dicho, y aún más feliz de volver a nuestro mundo de luz. Piensa bien de nosotros, piensa en nosotros con luz.

Ciprés Lawson
Somos la piel del mundo

Tú nos das la bienvenida y nosotros respondemos. Nos ves altos y oscuramente bellos, ofreciendo sombra y cobijo, y esta es nuestra función. Haremos lo mejor que podamos aquí – y cuando decimos lo mejor, significa lo mejor. Cuando la humanidad pueda suplir nuestras necesidades materiales y canalizar amor y luz hacia nosotros, los resultados los sorprenderán. No queremos decir resultados simplemente en términos de medida y exuberancia sino en la comunión, unidad y compartir de la Vida-Una pasando entre nosotros. Ningún niño estará asustado por la oscuridad cuando sepa que estamos aquí, y los animales podrán estar particularmente juguetones. Toda vida puede seguir su camino – y mucho de esto lo hacemos posible al levantarnos erguidos en la Tierra, uniendo tierra con aire y sol en un placentero e interminable servicio.

La humanidad realiza o estropea este servicio, y sugerimos que seamos mutuamente creativos, plenamente conscientes de la necesidad del servicio y promoverlo a mayor escala. Vastas áreas necesitan de nosotros – y por "nosotros" quiero decir grandes árboles en general. Nosotros simplemente no podemos recalcar esto lo suficiente. Somos la piel de este mundo; sáquennos, y la creación entera no podrá cumplir más su función, todo se agota y muere. Déjennos ser y la criatura ronroneará de contenta y la vida seguirá, siempre moviéndose en su secuencia natural, más y más benigna y más y más y más consciente de la Unidad en el Uno.

Preguntas si nosotros vislumbramos el futuro. Estamos sintonizados con la Vida como debería ser y por lo tanto, si el futuro está para ser mejor que el pasado, lo vislumbramos. La humanidad nos ha vuelto más conscientes de nuestra función al intervenir con esto y de este modo lo bueno ha venido inadvertidamente y, como dijimos antes, estando juntos un mundo más elevado y perfecto puede resultar. Nos alegra agregar nuestro comentario sobre esto, nos gustaría grabarlo en la totalidad de la conciencia humana si pudiéramos.

Les enviamos nuestras bendiciones. Puede que ellas sean de gran alcance y tan provechosas como la sombra y cobijo que podemos proveer, y pueda que la perfección futura esté cerca.

Serbal de los Cazadores
Los caminos de la naturaleza

Venimos de las alturas, las alturas del espíritu y las alturas de la tierra, donde glorificamos a Dios y ofrecemos nuestro toque escarlata de resistencia enrarecida. Amamos nuestros espacios abiertos y rincones silvestres, pero nosotros gustosamente bajamos a este jardín para unirnos a otros – ¡no quedaríamos excluidos!

Tu captas la esencia de todos nosotros, de toda la naturaleza; el Cielo traído a la Tierra, la Tierra elevada al Cielo, encontrando y manifestándose en incontables formas y colores, no solo para embellecer un mundo sino para ser parte de la vida del mundo, indispensable, una infinita variedad, satisfaciendo todas las necesidades. Cada uno de nosotros contribuye con su parte – a la perfección.

Siente la alegría con la cual cumplimos esa parte. Somos lo que somos, evolucionados a través de la sabiduría sin tiempo, únicos en nuestro rol, libres para regocijarnos. Barremos entre los árboles en nubes de dicha, mientras mantenemos un punto de apoyo en los espacios. Hay una porción reducida de la Tierra que se ha quedado en su estado natural a medida que la humanidad se esparce y se esparce. Les rogamos que sean guiados en su control de la tierra, para observar las maneras de la naturaleza porque ellas son las maneras de Dios y tienen sentido en la totalidad. Cualquiera de nosotros agradecidamente embellecerá sus jardines y producirá para su uso, aunque todos y cada uno de nosotros también tenemos un uso más amplio en el mundo. No somos un accidente; cada árbol, arbusto y planta tiene un propósito en el plan general de las cosas. Las formas de Dios son las mejores; sintonízate con ellas y el mundo retornará a la sanidad y alegría.

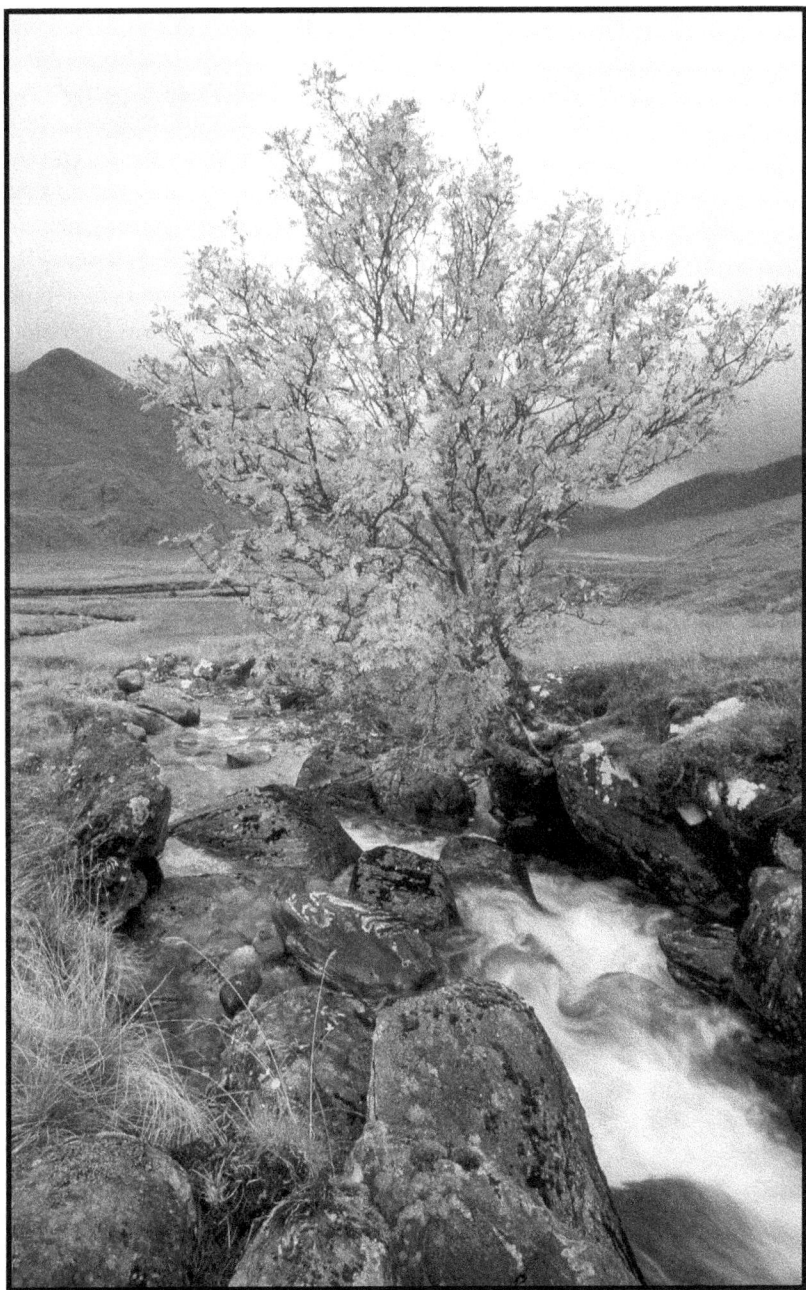

Prunus
La voz de la verdad

Danzamos hacia tu jardín en nuestros colores primaverales – ¿por qué no deberíamos vestir nuestros más finos trajes? Bendecimos cada una de nuestras plantas pero no nos detenemos ahí; incluimos todo en esta estación de alegría. Este es nuestro tiempo expansivo y estamos firmemente conectados aquí. Estamos en muchos lugares y no podemos visualizarlo de ninguna otra forma, porque ésta es la primavera cuando embellecemos la Tierra y provocamos el deleite de todos los que nos ven. Este es el tiempo en el que los humanos de todas las edades nos señalan y están contentos, cuando los insectos nos disfrutan, cuando el sol brilla para atraer la vida y la lluvia viene a apresurarlo, cuando los pájaros cantan como nunca antes. Este es un tiempo de regocijo general. Estamos en un ánimo de júbilo y todos cooperan con nosotros, todos están elevados por encima de lo ordinario a lo que es ordinario en nuestro mundo – la elevada alegría de la Vida abundante expresándose ella misma ahora.

Sí, "todos" significa los humanos. La atmósfera humana es muy predominante en la Tierra; los pensamientos humanos y las emociones están fuertemente presentes influenciando muchas capas de la vida. No vienen frecuentemente a este nivel desde el que estoy hablando ahora, lo cual es una gran lástima, porque ustedes podrían, ya que este realmente es más su hogar que los pesados bajos niveles que tantos humanos frecuentan. Ustedes humanos están fuera de su potencial en las profundidades donde viven; deberían ser co-creadores con nosotros, usando la chispa de la vida para hacer la perfección como nosotros lo hacemos. Sus poderes son iguales a los nuestros y mayores – ¡pero qué extraño desastre hacen de ellos! ¡Qué mundo sería este si ustedes volaran alto como nosotros y toda la creación fuera Una en la alegría del Señor! ¡Cómo este viejo/nuevo mundo respondería y rompería sus ataduras! Somos de este mundo, pero ustedes también lo son. Permítannos regocijarnos juntos y hacerlo perfecto como debería ser. Déjennos ser felices y contentos. Esta es la estación ahora.

Recuérdanos. No archives simplemente este mensaje nuestro. Estás escuchando una verdadera voz y cada ser humano tiene dentro de sí una voz como la nuestra que eleva y genera regocijo. Escucha y actúa – y Gracias.

Ciprés Lawson
No hay futuro sin bosques

Nuestros hermanos te han hablado antes de la necesidad que tiene la superficie de la Tierra de tener sus grandes árboles de nuevo; todos nosotros sentimos esto y estamos cerca en respuesta a ello. El planeta en sí mismo clama por nosotros, pero la humanidad, abstraída en sus propios asuntos, va por su lado, inconsciente. Seguimos iluminando, listos para jugar un papel como siempre. Hemos sido parte tanto del destino de este mundo como de la humanidad, quien nos ha considerado indispensables, tanto que no podemos imaginar futuro alguno a menos que los bosques puedan volver.

Siempre han existido fuertes cambios en el pasado mientras que esta Tierra ha evolucionado, pero siempre, mientras que brilla el sol y la vida depende del agua, nuestro rol ha sido necesario y continuará siéndolo. Todo en la vida cambiará y será elevado, será más ligero y feliz y más consciente, aún tenemos mucho por hacer. Aún tenemos nuestro propósito como nos fue dado desde lo alto, y ese propósito fluye tan fuerte como siempre. Lo sentimos marchando a través nuestro como ondas de fortaleza que provienen de la Fuente, y esa es la razón por la que nosotros aprovechamos toda oportunidad para advertirte de la necesidad de los bosques.

La humanidad tiene el control de más y más superficie de la Tierra, y nosotros quisiéramos captar su atención sobre lo que ustedes deben saber, sin duda, que debería ser. Su Creador, nuestro Creador, ha pensado en todas las cosas; ustedes han tomado parte de su herencia como un niño de Dios sin la sabiduría necesaria para cumplir con ese rol. Es Una Vida; nosotros venimos y proclamamos esto, intentando que esto sea claro para ustedes.

Lo que es importante ahora es la conciencia. Oramos y agradecemos que su conciencia y la mía se encuentren y se fundan, ya que cada uno de nosotros sabe que ninguna parte de la vida puede estar separada. Nuestros mundos naturales son esenciales; gran parte de su mundo, con ese falso sentido de individualidad separada, no es esencial, pero juntos podemos cubrir esta Tierra con la perfección planeada por su Hacedor.

Conífera Dorada
Realiza la abundancia

Nosotras estamos felizmente establecidas aquí, pero estamos felices de hacer el contacto consciente, porque realmente tenemos inteligencia. Nosotras mismas estamos muy vivas, y la falta de conciencia de esta realidad por parte de la humanidad parece un desperdicio inexplicable. ¿Por qué dan vueltas en sus propios mundos impermeables como si ustedes fueran la única inteligencia, cuando todo alrededor de ustedes, nuestro mundo está reventando de conciencia, lleno de conocimiento y verdad que el Creador nos ha dado y que sería de inestimable valor para ustedes?

Ahora, por ejemplo, escuchas la lluvia y la consideras solamente como agua cayendo haciendo ruido y saciando la sed de las plantas. Simplemente aceptas esto como una cosa inanimada, o parte de un proceso, y te pierdes toda la alegría del Espíritu de la Lluvia con su extensa inteligencia y su gran rol en la vida. Te pierdes lo que la lluvia pueda impartir de Unidad y flexibilidad para cambiar y fluir con la vida del Creador en el momento. La lluvia puede ser un ejemplo para todos los tiempos y más allá, pero tú descartas todos estos misterios y sigues por caminos estrechos.

No queremos tener un aura sermoneadora para comunicarnos; simplemente queremos compartir contigo y hacer que te des cuenta de la vida abundante, vital e integrada que hay alrededor tuyo en nuestros mundos, que siempre está y siempre ha estado y con la cual te podrías comunicar para lograr grandes mejorías en éste y en todos los planetas. Ustedes y yo tenemos el medio para compartir y podemos disfrutar juntos en tanto cada uno cumple con el rol que el Creador nos ha asignado. La misma Vida-Una fluye por nuestras venas, y entre más reconozcamos y actuemos sobre este hecho, es más probable que nuestros mundos se unan al unísono. Este llegar a estar juntos es parte del plan, porque, en verdad, nosotros somos todos hijos del Uno, todos parte de la Una-Vida, todos aquí porque estamos hechos para estar aquí.

Te preguntas cómo nuestra conciencia encaja dentro de tu vida cotidiana. Nosotros sólo podemos responder a esto desde nuestro punto de vista. Los vemos dando vueltas en un mundo de energía del cual son parte importante, sin embargo cerrando sus conexiones con él y concentrándose en una mínima parte del todo. Han entrado en corto circuito con ustedes mismos cuando podrían ser dínamos de poder y grandes transformadores. Para nosotros, ustedes parecen medio muertos, cuando todo el tiempo podrían destellar aquí y allá con toda la Vida y unirse a esta grandiosa, brillante totalidad en movimiento. Ustedes están limitados. No necesitarían estarlo – y en su limitación hacen las cosas más espantosas. Cuando su conciencia se incremente, su vida será completamente diferente – libre, sin traba y universal. Nosotros les animamos a abrirse a la totalidad de la Vida, donde encontrarán el Uno que nunca está ausente, y con nosotros le alabarán a Él por siempre.

Cada árbol, cada átomo cuenta esta historia y los humanos podrían ser conscientes de ella si quisieran.

Te agradecemos por escucharnos. Puede que nuestros mundos sean más y más uno en la alegría de la Vida-Una.

El Ángel del Paisaje
Grandes árboles son esenciales

Es bueno que sientas más claramente la función de los árboles grandes y maduros como conductores de energía. Ahí ellos están parados, siempre listos y canalizando las fuerzas universales que rodean y son parte del mundo. Las montañas son canales para esta energía, especialmente las puntiagudas, pero los árboles grandes son de una sustancia más elevada y viva y son cargadores de vibraciones especialmente potentes. Son centinelas magníficos para nosotros y para la energía cósmica que viene del universo. Están de pie enraizados y erguidos, transformando el poder en un aura de paz.

Repetimos de nuevo que los grandes árboles son esenciales para el bienestar de la Tierra. Ningún otro puede hacer el trabajo que ellos hacen. Ellos y la humanidad podrían vivir en una muy cercana armonía y respeto mutuo, cada uno representando la cúspide de una forma de vida particular, y la humanidad podría ganar mucho gracias a la asociación con estos árboles. No es por nada que se ha dicho que Buda encontró la iluminación bajo un árbol. La gloria de los espacios abiertos puede ser focalizada y concentrada por un gran árbol y ser usada en la Tierra.

Deja que tu amor vaya hacia los árboles. El que se estén desvaneciendo alrededor del mundo es sólo una señal de los tiempos problemáticos al final de una era. Los árboles maduros son necesarios para el bienestar del planeta. Mantengan y transmitan esto en pensamientos de poder, y agradezcan a Dios por su creación.

Devas de los Árboles
Dios necesita de pies y manos

Tú nos has preguntado cómo puedes expresar tu gratitud para con nosotros por la serenidad que has recibido. Nosotros decimos que tú puedes prestar el más grande de los servicios reconociéndonos y trayendo nuestra realidad a la conciencia humana. Es un hecho que somos muchos aún hablando con una sola voz clara; es un hecho que somos la inteligencia iluminada de cada especie, no el espíritu de árboles individuales. Es un hecho que estamos vitalmente ocupados con la tierra como un todo y, debido a que vemos a la humanidad entrometiéndose perjudicialmente contra el ser que es este planeta, nos queremos comunicar con ustedes para hacerlos más conscientes de las leyes de Dios para con el planeta.

Así como la humanidad tiene vehículos en varios reinos y puede funcionar en varias dimensiones, así nosotros también podemos, de una forma diferente, pues Dios es Consciencia en sí misma. Aunque un árbol o planta puede tener una consciencia pequeña comparada con la humana, somos los que están detrás de la creciente autoconsciencia de la vida. Dios siempre necesita manos y pies, y nosotros somos esas manos y pies trayendo estos milagros de crecimiento que conducen a la autoconsciencia y por lo tanto a la Divina-consciencia. Somos parte de su crecimiento en el pasado remoto, somos parte de su crecimiento ahora. En tanto ustedes vuelvan a la Fuente y se vuelvan sus manos y pies, ustedes no pueden sino ser conscientes de esta vida en nosotros, porque no hay nada que no sea de Dios. Y entre más reconozcan nuestro rol y actúen de acuerdo con él, mejor será para toda vida en esta Tierra y en donde sea.

La humanidad, en su conjunto, no tiene consciencia de nosotros. Ustedes pueden establecer fuertemente ese reconocimiento y traernos hacia la consciencia humana, lo cual es muy necesario para cualquier progreso en la Tierra. La naturaleza – y su cuerpo es parte de la naturaleza – no es una fuerza ciega. Es consciente y maniobrable. Tiene vehículos internos tal como ustedes los tienen.

Nosotros somos de la verdad, nosotros existimos. Por lo tanto, ustedes que están viniendo a la verdad nos reconocerán con sus mentes elevadas a pesar de su intelecto. Entonces el propósito de Dios a través de nosotros no se habrá desviado. Estamos agradecidos por toda propagación de esta verdad; nada puede ser más valioso para nosotros. Damos de nosotros mismos, de lo que Dios nos da para dar, a Todos, y agradecemos por compartir esta verdad.

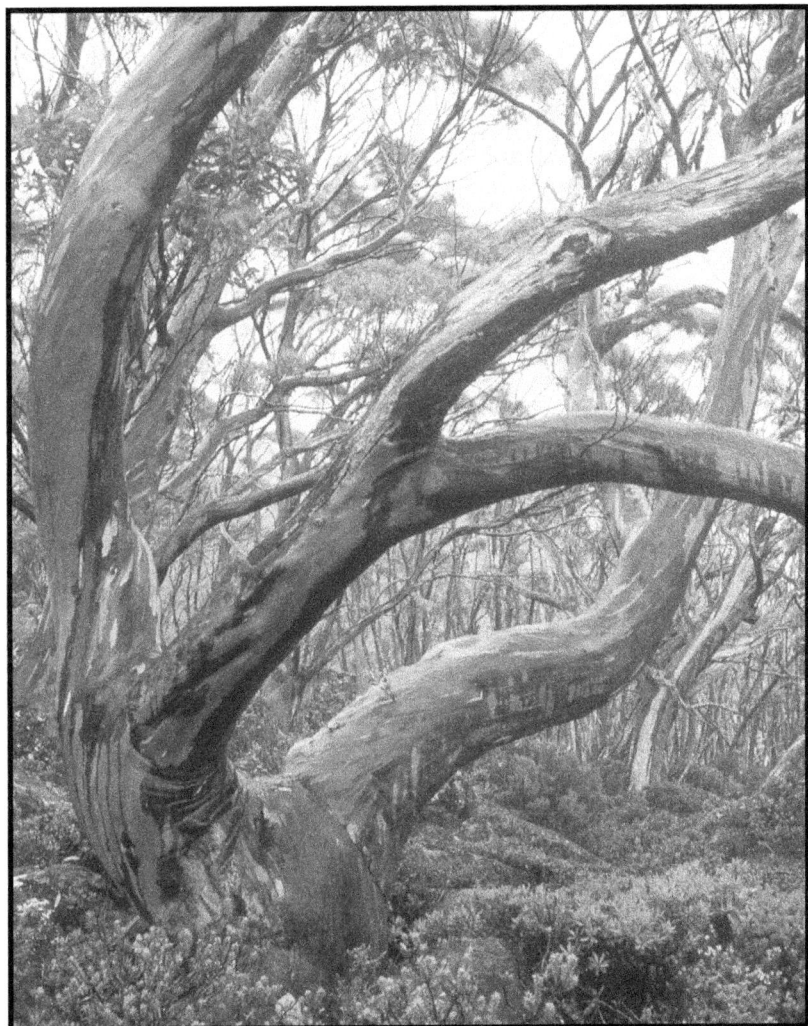

Aulaga
Perfección aquí y ahora

Saludamos en un amor que todo lo abarca a aquellos que en sí mismos se abren a nuestra belleza y a quienes aman las fuerzas de la naturaleza. Aquellos que no tienen los ojos para ver la belleza no pueden por supuesto sentirnos; su atención está en otro lugar. Pero para aquellos que pueden, les extendemos un especial amor, un amor de los lugares silvestres que no ha sido arruinado por manos humanas, que vibra a través del aire directo al corazón y desborda en su inmensidad. Con nosotros ustedes pueden apartarse bastante de su mundo hacia un mundo donde nosotros reinamos de cresta a cresta, hueco a hueco, totalmente dorado, donde adornamos las arenas y transformamos la tierra en la gloria, donde llenamos el aire con nuestro perfume, soplándoles desde todas partes, cuando el sol nos acentúa, los calienta a ustedes, los une a nosotros.

Sentimos un especial amor por aquellos que aman los lugares silvestres y respetan nuestro dominio, y respondemos y devolvemos el céntuplo. No cierren su corazón a este amor. Déjenlo propagarse con cualquiera que sea el efecto que pueda tener, porque este nos une como nada más puede. Este se imprime en la mente y el corazón.

¡Regocíjense en la gloria de la creación de Dios! ¡Únanse a nuestra alabanza; no sean tan aburridos! El cielo ha bajado a nuestros rincones del desierto, porque nosotros hacemos lo mejor de cada regalo que nos han dado. Haz lo mismo, haciendo uso sólo de lo mejor, expulsando de la conciencia todo lo que no sea útil. Los humanos se agarran de lo que los enferma, lo cual no es comprensible para nosotros, ya que nada puede ser hecho o lograrse de este modo. Hay perfección; sintonícense con esto, tráiganlo a la vida como nosotros lo traemos a la nuestra. ¿Por qué desperdician tiempo lamentándose que la vida es un desierto y ustedes son un desierto, cuando toda la perfección está aquí ahora para todos? Nosotros sumamos nuestra belleza a esta edad dorada; sumen la de ustedes y alégrense con nosotros.

Pino Escocés
Somos guardianes

Nosotros somos por siempre jóvenes y los saludamos con la alegría rebosante lo cual es el atributo de nuestro reino. Esa alegría la encuentran en el corazón incluso de esos viejos árboles, aunque están cristalizados. La edad y un mundo cambiante han causado esa cristalización, porque el mundo cambia y las formas de la naturaleza también cambian. El Pino Escocés necesita un aire alto enrarecido de solitariedad – o gente que entienda. La "duendeidad" del Escocés está relacionada, algo que está muriendo así como estos viejos pinos. ¿Volverán? Podrían, en un mundo que comprenda, en un mundo con más amor.

¿Ellos están tristes? Si, los guardianes de la tierra, alcanzando el cielo, trayendo cualidades especiales a esta tierra. Tales cualidades son ahora a menudo rechazadas en este mundo desatento. Son cualidades fieles, perdurables, las cuales no son apreciadas en un mundo tan rápidamente cambiante. Si ustedes quieren tener resistencia en su gente, independencia y amor a la naturaleza, entonces somos necesarios.

Ustedes nos pueden llamar a la acción. La humanidad controla mucho – más de lo que nosotros quisiéramos que controlara – pero si ustedes pueden llamarnos con suficiente fortaleza, podemos volver y volveremos a la tierra, en las condiciones apropiadas. Esto te incumbe. Creemos que hay un futuro para nosotros, pero está en sus manos. Agradecemos el amor y se lo contagiamos a todos en nuestro mundo, y la alegría crece. Siéntanlo, únanse, miren profundo bajo la superficie hacia nuestros corazones y siéntanse Uno con nuestro Hacedor.

Ángel del Paisaje
Los humanos dependen de los árboles

Bajo los viejos árboles tú sientes que puedes caer dormida o detener todo movimiento. Esto es lo que puede suceder cuando se sintonizan con el eterno espíritu de los árboles, el estoicismo a toda prueba de ellos. Levántense y salgan de esa sensación hacia del ambiente donde la voluntad de Dios es, donde saben que ustedes no son árboles pero sí alguien que los ayuda. La ayuda es enormemente necesaria. Los humanos destruyen y destruyen, sin pensar en los árboles que necesitan, y no solamente necesitan, sino que son dependientes en mucho más de lo que ustedes se dan cuenta – y no sólo ustedes, los pájaros y otras formas de vida son verdaderamente dependientes de los árboles. Así que sintonícense con ellos, por supuesto, pero recuerden también que Dios necesita manos y pies para dar lugar a la totalidad; lo que significa que los árboles sean una parte integral del planeta y respetados, amados, apreciados y agradecidos por los humanos. Busquen en lo más profundo de ustedes para encontrar la mejor manera de hacerlo, y en todo esto les ayudaremos e inspiraremos tanto como podamos.

Ciprés de Leyland
Grandes bosques necesitan renacer

Hay una gran alegría en nuestros reinos cuando el Hombre de los Árboles (St. Barbe Baker), muy amado por nosotros, nos conecta aquí con ustedes. ¿No es un ejemplo en su mundo de que este es un mundo, un trabajo, una causa bajo Dios siendo expresada a través de diferentes canales? Alégrense y permitan que el plan se desarrolle. Yo estoy hablando obviamente en nombre de todos los devas de los árboles, quienes naturalmente vienen iluminando durante largo tiempo al Hombre de los Árboles. Deseamos expresarle a él nuestro profundo agradecimiento. Esperamos que siempre haya sabido de nuestra gratitud por lo que ha hecho por nosotros. Sólo nos gustaría enfatizar esto por este medio. Él da esperanza para el mundo futuro; ¿qué mayor contribución puede haber?

Ahora entiendes mejor por qué insistimos una y otra vez en la necesidad de árboles sobre la superficie de la Tierra. Grandes bosques deben florecer y la humanidad debe ocuparse de esto si quieren continuar viviendo en este planeta. El conocimiento de esta necesidad debe volverse parte de su consciencia, tan aceptada como su necesidad de agua. Ustedes necesitan a los árboles tanto como al agua; los dos están relacionados. Somos efectivamente la piel de la tierra y la piel no sólo cubre y protege, sino que a través de ella pasan las fuerzas de la vida. Nada puede ser más vital para la vida en su conjunto que los árboles, árboles y más árboles.

Difundan esta verdad y sepan que las fuerzas de los mundos angélicos y todos los mundos en los cuales reina la verdad están detrás de ustedes, porque la verdad es Dios quien ha creado la vida.

Este es el único mensaje acerca de un ser humano que he recibido.

Abeto Caucásico
El corazón en el silencio

Sientes pureza entre los árboles porque hay pureza, porque estamos de acuerdo con las leyes de Dios y seguimos con el plan que nuestro Creador tiene para nosotros. Ustedes todavía están encontrando ese plan; nosotros nunca lo hemos dejado. Aquí la vida en todos los niveles decae y fluye alrededor nuestro; nosotros permanecemos quietos e inhalamos y exhalamos la Respiración de Dios, sin obstruir jamás el canal. Así, tan grandes o pequeños como seamos, nosotros encajamos y cumplimos con nuestro trabajo como parte de la piel del mundo, y abrazamos a todo aquel que se acerque.

Hay humanos a los que no les gusta nuestra pureza porque esto es extraño para sus costumbres, y aún más hay quienes nunca sienten esto porque están demasiado centrados en sí mismos. A quienes llegan a nosotros, nosotros los animamos. No hacemos nada para animarlos; cuando ustedes entran en nuestro ser son elevados, porque nosotros estamos en ritmo y armonía y podemos ayudar a los humanos a conseguir el silencio interior. Debería haber siempre grandes áreas donde reináramos de forma suprema y sin ser molestados y poder así darles consuelo. Dichas áreas harían mucho por la sanación de las naciones. Los espacios abiertos tienen su propio poder sanador; el nuestro es de otro tipo.

Cuanto más hacia adentro vayan, más podrán apreciarnos; nuestro corazón está también en el silencio. Allí adoramos y allí también ustedes pueden adorar. Nosotros que perduramos a través de algunas épocas, damos gracias por todas las cosas vivientes y disfrutamos que la vida en sí misma esté contenida dentro de nosotros, así como está dentro de ustedes, y que cumplimos con nuestro destino a la perfección, al igual que ustedes cuando entran lo suficientemente profundo dentro de ustedes mismos. Nuestras bendiciones sobre todas las cosas vivientes; todas las cosas viven en el Uno.

Laurel

Eleva los pensamientos

Me encuentras aquí inmediatamente y expectantemente feliz, y te preguntas si esto es una cualidad característica en mí, simplemente tu ánimo, o tal vez imágenes que se han hecho del laurel. La primera es correcta, y podría ser una buena idea para sintonizarte con precisión con cada planta por sus cualidades características, porque encontrarás que esto se relaciona con el efecto de la planta sobre el cuerpo humano. Todo es uno, todo interactúa.

¡Ahora te preguntas si deberías mordisquear una hoja de laurel si sabes que algo va a pasar y quieres estar placenteramente expectante! Esto no es tan ridículo como suena y se te está ayudando para estar con la mente abierta hacia el lado positivo cuando estás frente al aura de una hoja de laurel, ¡por ejemplo en la manera que podrías estar antes de escuchar música moderna cuando dudas sobre si te gusta! Acabas de investigar el uso medicinal: "para aliviar la inflamación", y ves la conexión. En vez de inflamarte con algo, puedes estar receptiva y encontrar lo bueno en esto, así como con la música. Nosotros funcionamos al nivel de las cualidades; las características físicas son cualidades que se han concretado.

No te preocupes si cometes errores en las impresiones fugaces y delicadas que obtienes. Elévate hacia nuestros reinos lejos de la preocupación y los bloqueos que traen los niveles bajos. Concreta y sólida como es cada planta, su fuente es elevada, y como sirvientes del Señor somos parte del plan de perfección en el cual cada planta tiene parte. Nosotros hacemos nuestra parte y mantenemos nuestro patrón en alto para la gloria de Dios, irradiando esto al nivel físico, y si ustedes se sintonizan altamente hacia nosotros, no pueden sino traer pensamientos elevados a la conciencia.

Ahora piensa en el laurel como una victoria, y adelántate victoriosamente dentro de la vida, sabiendo que este pequeño jardín de hierbas será un poder para bien, para Dios, extendiéndose lejos a lo largo y ancho de los mundos.

Especia Coreana
Con alabanza y gratitud

Queremos tu saludo. No saber nuestro nombre no implica ninguna diferencia para hacer contacto. Todos nosotros, conocidos o desconocidos, estamos ansiosos de ser parte de este gran experimento [en los jardines de Findhorn] y mostrar lo que puede hacerse desde nuestra parte.

Date cuenta de que nosotros, los devas, hacemos más de nuestra parte y realmente estamos yendo fuera de lo normal aquí, dando diez pasos por uno de los tuyos, debido a la importancia que esto involucra. Hay una compañía animada de nosotros esperando la oportunidad de ser empleados en esta feliz aventura. Nosotros atestamos con gran regocijo, pero esperamos que ustedes también cumplan su parte y consideren nuestro punto de vista. Esto será cooperación, no sólo un acuerdo en el cual nosotros simplemente servimos su punto de vista como en el pasado.

Estamos encantados de que estén poniendo muchas variedades en los jardines. Entre más mejor. Tendríamos estos jardines como representación del mundo, porque lograríamos la cooperación del mundo. Tendríamos cada pequeño rincón con su belleza particular y agradecemos por su cooperación en esto. A todas las plantas, arbustos y árboles, pequeños y grandes, les gustaría que les dejaran entrar.

Por encima de todo, permitan que haya gran alegría aquí, y alabanza. Somos todo lo que somos porque el Creador de todos así nos ha hecho, y en una atmósfera de alabanza y gratitud, nuestra verdadera imagen crece con fuerza. Permítannos siempre unirnos en esta alabanza.

Devas de los Árboles
La voz de la naturaleza

La brisa es lo que escuchas. Escucha la brisa. Es el sonido de la Unidad, de la naturaleza. Este sonido de la naturaleza es un mantra de necesidad. Es una nota que sostiene en sí misma la vida. Si sus vehículos, los silenciosos árboles, son tomados o revestidos con sonidos humanos, entonces es como si la corteza se rompiera y no hubiera equilibrio firme. ¿Qué significa esto? Ese sonido, casi como "hu", da un cierto elemento espiritual a la humanidad, sin el cual algunas de sus cualidades más bajas se acentúan.

Pieris
Flores y trascendencia

Queremos hablar y ser bienvenidos. Es una alegría ser parte de este jardín experimental, y nos instalamos felizmente.

Queremos mencionar algo de las fuerzas que actúan a través de cada planta. Nosotras somos todas diferentes: las hojas son diferentes, las flores son de color y forma diferentes; el proceso de crecimiento es diferente, y nosotros permanecemos estacionarios, a diferencia de ustedes los humanos que tienen un patrón más estándar y son móviles. Por lo tanto, cada uno de nosotros está supremamente planeado para emitir una cierta aura, tener una cierta influencia y representar una cierta idea de Dios. Cuando estamos en nuestro mejor estado, nos mantenemos como un perfecto ejemplo de esta idea. Todos los que momentáneamente se detienen y nos admiran, son ayudados, porque cualquier ejemplo de una idea de Dios, perfectamente expresada, y presente con constancia y firmeza, debe elevar a la humanidad, que se dirige hacia allá pero aún le falta en perfección. No importan las limitaciones de una planta; en su propia esfera, es la belleza en sí misma e irradia claramente una unicidad imperturbable que es sanadora.

Deténganse cuando vean una planta en plena flor. Paren y olvídense de pensar, y sólo sean conscientes de este símbolo de la gloria de Dios. Por un segundo tal vez se perderán de sí mismos y se empezaran a maravillar, y esa maravilla los acercara a la pureza de Dios. En este estado, ustedes son uno con la voluntad de Dios, como la planta, y tal vez den un paso más hacia esta condición original. Pero paso o no paso, han sido elevados. Son personas más despiertas, han participado en un regalo de la vida. Y la planta se queda serena y radiante en su belleza, compartiendo con todos los que lo elijan y rebosando de sí misma en este ambiente. ¿Y qué si la flor es pasajera? La vida sigue, y una flor que no cambia podría volverse aburrida o darse por hecho. Nuestros momentos de esplendor son también parte de la perfección del plan de Dios. Aprecien todas las cosas, y den con nosotros plena alabanza a Dios.

Haya Roja
Casa-árbol

Tú necesitas nuestro tono firme para contrastar con las voces agudas de las plantas pequeñas a las que has escuchado recientemente, y necesitas sentir la fuerza firme de nuestro flujo de poder. Todos ustedes pueden ganar mucho participando de nuestro flujo equilibrado, especialmente en este tiempo cuando la gente vaga en una tierra cambiante de valores perdidos. Toda vida necesita bases firmes, y nuestra fuerza radiante puede evocar en ustedes una fuerza similar que con frecuencia está dormida.

Tú has mencionado otra razón de la necesidad de los grandes árboles. Nosotros canalizamos un tipo de fuerza que tiene una influencia que da firmeza en la vida. La Verdad les dice de construir sus cimientos en roca, sobre Dios, que es lo que nosotros hacemos y que inconscientemente les recordamos hacer. Ustedes todavía no han caído en cuenta de que, entre otras cosas, su ambiente natural está lleno de fuerzas que corresponden con su propio carácter, y entonces podrían mostrar en muchas formas sutiles alguna parte de él. Aquí también los grandes árboles tienen un poderoso papel que jugar, y ustedes están privados de una parte de sí mismos, privados de su herencia, cuando despojan la tierra de los grandes árboles.

Ahora acércate, descansa en nuestra fortaleza y hazte consciente de las pequeñas notas que tocamos, consciente de las hojas agitándose, del brillante vislumbre de color, de la suavidad soleada de la primavera, todos conectados de alguna manera con los pájaros, los insectos, los elementos, con toda forma de vida. Un árbol grande es una familia, un hogar, un país por explorar y un lugar de belleza. El se está repartiendo a todo y a todos sin excepción, y es un refugio para muchos. Él está orgulloso, alcanzando el cielo y profundizándose en la tierra, perdurando. Él está como un símbolo especial de la perfección de Dios. Déjenlo permanecer y se acercarán a Dios.

Manzana
La consciencia va más allá

Te sientes atraída por los racimos de flores y la promesa del fruto que viene. Eso de que a partir de una flor frágil, apenas coloreada y de corta vida, una rosada y robusta manzana aparezca, es sólo uno de los milagros de Dios, representados muchas veces para que todos puedan observar. Si pudieras ver más sobre cómo esto se ha producido por la cadena de vida, la maravilla te elevaría muy alto.

Tal como de la semilla un árbol crece, así a partir de la idea semilla un patrón de fuerza emana desde el Centro, transmitido por las silenciosas filas de ángeles, silenciosos y quietos, porque esta idea es aún demasiado vaga e indeterminada para soportar nada que no sea el más estricto cuidado. Esta cae y se abre, creciendo en fuerza y talla, tornándose un patrón más brillante hasta que eventualmente centellea y resuena, aún bajo el cuidado del mayor y más distante de los ángeles. Este campo de fuerza es firme y brillante.

Entonces el patrón se pasa a los creadores de la forma, los elementales, quienes vienen y dan de sí mismos y revisten este patrón. Recuerden que esto es un proceso, que el patrón es evidente en todas partes, en los éteres sostenidos por los ángeles y se manifiesta más allá del tiempo por la energía de los elementos a través de la contribución de los elementales en la oportunidad adecuada y eventualmente apareciendo en el tiempo y lugar, en la belleza de la flor y la suculencia de la fruta.

Este es el Verbo hecho carne. Esta es toda la creación, sostenida en equilibrio por grandes capas de vida de las cuales tu mente consciente no está consciente. ¿Un milagro? Necesitan una palabra mayor. Necesitan ir más allá de las palabras.

Las frutas de la tierra son producidas a través del no reconocido y dedicado servicio de estas muchas formas de vida – ¡y nosotros esperamos que estos jardineros en tu localidad estén tan felices con su trabajo! Ustedes, humanidad, tienen las frutas, aunque hagan poco del trabajo. Así es. Puede que su alabanza sea mayor que la nuestra, que nunca se detiene.

Aulaga
Te Inspiramos

¡Bienvenidos a las zonas silvestres! Aquí, aunque el día esté tranquilo y los sonidos atenuados, nuestra exuberancia es absolutamente libre y estimulante, llena de movimiento danzante, dorada con un color interior incluso más brillante que la gloria exterior. Aquí nuestras auras pueden derramarse en olas sin nada que las distraiga o quite mérito; aquí nuestras flores se despliegan como si llenaran todo el espacio en delicadeza y equilibrando nuestra espinocidad; aquí nos sentimos con la más grande de las emociones por ser todo en este momento. Esta es nuestra tierra, cuyo aire llenamos con perfume y color. Pocos invaden; algunos se acercan y entran en el silencio rebosante con nosotros, así como tú estás haciendo, y encuentran la maravilla y la gloria, la libertad y la pureza, llenando su mundo.

Estamos transformando mundos en esta hora de esplendor. La fuerza de nuestro reto dorado en estas áreas silvestres es inconmensurable; esta acepta a todo el mundo y emerge victoriosa, regocijante, triunfante. Oh sí, los humanos nos pueden tumbar con sus químicos, cortándonos, y con fuego, pero si ustedes conocieran la transmutación que hacemos de parte de toda forma de vida, nos ayudarían si pudieran. Podrían añadir su fuerza y bendiciones e impulsarnos en nuestra misión; sin embargo, ustedes no pueden ayudarnos realmente, excepto dejándonos ser, porque Dios nos ha dado nuestra tarea y en esto está la plenitud perfecta.

Respiren el perfume en el aire y permítannos guiarlos interiormente. Sientan su fuerza desgarradora – un muro impenetrable. Este marca una nota alta que nadie puede destruir. Se levanta y protege la vida. Los eleva y los satisface a ustedes y a otras formas de vida. Los lleva hacia delante y adentro. Los guarda y rodea. Algún día, se sintonizarán todavía más con ella y nosotros les contaremos más. Esto es suficiente por ahora.

Lluvia de Oro
Verdad prometida

Naturalmente es más fácil para ti sintonizarte con nosotros, que estamos bien establecidos localmente, más que con algunos importados exóticos. Nuestras vibraciones son más fuertes y nosotros somos parte integral de la atmósfera. ¡Por largo tiempo hemos dado alegría en el distrito, y aún más continuaremos!

Conoces la belleza fluyendo como cascadas de nuestras flores; ahora entra al mundo interior detrás de ellas, en donde estamos nosotros. Casi puedes vernos como forma en movimiento, pues en este tiempo de floración estamos particularmente activos. Nosotros nos concentramos por todo el lugar, manteniendo en equilibrio los patrones exactos y perfectos y preservando el crecimiento. Este es un trabajo imposible desde el punto de vista humano, cuando piensas en la innumerable cantidad de árboles de lluvia de oro floreciendo en todas partes del mundo ahora, sin embargo ninguno ha sido abandonado y cada uno es tan perfecto como las condiciones lo permiten. Sus mentes no pueden mantener ni un solo árbol continuamente en la consciencia, pero el reino dévico está más allá de la mente, más allá del tiempo y del espacio, cerca de la Fuente donde la Unidad es una realidad.

Ahora hablamos de "nosotros"; algunas veces es "yo" – y los dos están bien. La verdad es más grande y aún más inclusiva. La mente humana formula grandes jerarquías y Seres cada vez más grandes, sin embargo la verdad es aún más sencilla. La verdad está dentro de ustedes y dentro mío, la totalidad de ella. Yo, o nosotros, no ponemos reclamos de la totalidad de esto, estando suficientemente ocupados con nuestra parte en esto, pero sin embargo sabemos que la verdad está allí y permeando todo hay una chispa de esta totalidad. Donde cualquier cosa exista, Dios está – no una parte de Dios sino Dios, indivisible. Ustedes pueden ver solamente un pequeño trozo de materia, pero detrás y dentro de ese trozo de materia está todo. Es una pequeña limitación para ustedes, que en sí mismos giran en torno a la limitación, pero cuando abran sus ojos hacia lo que hay dentro de ustedes y aprendan más de la gloria de Dios, verán que todo lo demás está relacionado con la misma gloria. Esto es claro para nosotros y claro para ustedes, también, en las dimensiones que están a la vez "dentro" de ustedes y hacia las cuales la conciencia de la humanidad se está moviendo. ¿Crecemos en conciencia como la humanidad? Pónganlo de esta forma: la conciencia dentro de todo se hace más y más despierta, la verdad se vincula cada vez más con el interior, y la promesa crece, y la Unidad aún más, ¡si ustedes perdonan este lenguaje! Tal vez la lluvia de oro expresará a ustedes un pequeño aspecto de la gloria de Dios. Eso esperamos, y continuamos en alegría.

Cedro del Líbano
Amar es liberar

Muchas vidas vienen y van y nuestro poder va aún hasta el cielo y baja a la tierra. Este es el poder del Todopoderoso, de quien somos los conserjes en este momento. Nuestra fuerza serena, estabiliza y endereza lo que venga a nosotros con apertura, pues somos materia viviente, conformados por los elementos y parientes de toda forma de vida. Ustedes y yo somos hermanos de sangre, hechos de la misma sustancia, cada uno cumpliendo su destino en este planeta. Yo los contengo a ustedes en mi impresionante fuerza, y ustedes me contienen en su impresionante aspiración.

Nos podemos amar juntos y ser libres juntos, pues aunque somos árboles y humanos, somos mucho más. Somos representativos de la divinidad, y no terminamos nunca a través de los siglos. Nosotros seguimos con más fortaleza cada vez, cada uno en su propio camino, y la vejez no es sino el descenso de nuestros vehículos. Ustedes, humanidad, están desechando nuestro poder en la tierra, interfiriendo con nuestro destino. En el proceso ustedes están aprendiendo de su propio destino. Esperamos que asuman esto con orgullo, y enriquezcan la tierra como nunca antes. Ustedes pueden enriquecerla con su amor iluminado. Esto no lo podemos hacer, no desde nuestros patrones terrestres, pero también nosotros podemos ser canales de nuevas energías a nuestra manera.

Seamos Uno en este poder.

Roble
Las plantas son la Salud Humana

Somos una muestra de la vida de las plantas que ofrece refugio y socorro, fortaleza y aceptación a toda forma de vida, incluyendo la humana, como lo hemos hecho por todos los tiempos. Nuestro espíritu está en todos lados, toda nuestra fuerza esta dentro de ustedes, pero todavía debemos tener la apariencia de imponentes árboles que se paran orgullosos y expandidos, para dar nuestro poder a la Tierra.

Saludamos al sol contigo. Sabemos que gente como tu se asegurarán de que la tierra no sea despojada de seres como nosotros. Si la humanidad está para tener fortaleza física, lo que se requiere para funcionar en esta Tierra, es necesario para la vida de las plantas tener una distribución justa en el planeta. Esto es necesario no sólo para la respiración de la piel del planeta, sino por las cualidades como las que canalizamos (que tiene su equivalente en ustedes), y para su vehículo físico. La humanidad pierde su dominio sobre la Tierra, se pierde a sí misma, a menos que nuestra especie continúe.

Tenemos un gran amor por la humanidad, más de lo que muchos árboles tienen. Hemos estado conectados de forma muy cercana a través de los tiempos. Vamos donde ustedes van, les damos generosamente nuestra madera. En todas partes nos encontrarán y donde haya un roble, estará nuestro poder. Hemos sido antiguos y puede que continuemos siéndolo en todas partes de la tierra, y puede que el amor entre nosotros se incremente en poder y utilidad.

Lilo
El Plan de la Vida

Tengo que entrar; somos como viejos amigos y ahora mismo piensas sobre todo en las lilas donde creciste. Esto no hace que el contacto sea diferente; el tiempo y el lugar no significan nada en este contexto.

Sientes espirales de movimiento, espirales de color y amor profundo, y este es el amor que te ha llevado fuera del tiempo y el espacio dentro de la esencia siempre viviente que somos.

Nosotros mostramos la perfección de la naturaleza, y la humanidad muestra imperfección. Nosotros embellecemos y ampliamos la tierra, cumpliendo con nuestra parte en el plan, mientras que ustedes violan la tierra y se quedan muy cortos en su parte del plan. En vez de encontrar y cumplir con su potencial, creando líneas de fuerza bellas, claras y brillantes como lo hace el resto de la creación, ustedes arremeten por todos lados enturbiando y deformando su patrón. Este patrón está muy claro dentro de ustedes y se ve especialmente en la juventud, pero seguirlo y convertirlo en acción cuando ustedes hacen elecciones es un proceso. Podemos ver su patrón y preguntarnos por qué, oh por qué no lo siguen y le dan forma, pues es maravilloso. Si los humanos lo siguieran, este planeta sería de increíble brillantez.

Lo que nosotros decimos es que ustedes continuamente buscan una guía fuera de ustedes mismos, cuando todo el tiempo está dentro de ustedes. ¿Cómo puede algo fuera de ustedes saber tanto de ustedes como ustedes mismos, siendo cada uno completamente diferente y único con su propio patrón particular? Ustedes han recibido muchas enseñanzas invaluables, y todas las enseñanzas genuinas son para ayudar a encontrar el patrón interior. Hagan lo que es bueno para ustedes, no lo maligno, y encuentren la totalidad de ustedes mismos. Esto es algo muy fuerte en todos ustedes, ayudando, sosteniendo, a pesar de sus protestas por lo contrario, que están limitados. Encuentren su plan.

El patrón y manifestación de la lila es muy amoroso; el patrón y manifestación de los humanos lo es aún más. Recuerden esto y miren adentro.

Aulaga
La fuerza de la Atención

Te repetimos nuestra Gloria, pues esta es nuestra estación. Tu respuesta sincera significa mucho; la conciencia es de suma importancia.

Así como te hemos dicho muchas veces, cumplimos con un poderoso trabajo en la tierra y para la Tierra, y hacemos esto donde sea necesario. Si los humanos cambian completamente el carácter de la tierra, entonces tendrán que reconocer que el carácter de la tierra tiene que ser cambiado. Esto lo han hecho en Findhorn al cambiar la naturaleza del suelo con trabajo duro, amor y cuidado constante.

Esto no es una propuesta comercial. Si el cambio se realiza sólo por razones comerciales, no obtendrán nuestra cooperación. Sin duda vendrá el tiempo en que esto pueda ser realizado sobre bases comerciales – de hecho esto puede realizarse ahora en gran escala con suficientes personas con la conciencia correcta.

Como sea, nos alegramos de que haya una sintonía más afinada con nuestra belleza ahora. Esto no es sólo una apreciación de la maravilla de nuestra manifestación; hay una conciencia expandida de gratitud y unidad, y estamos agradecidos. La sensibilidad de esta unidad, de la que todos somos parte, crece en la humanidad y nosotros nos alegramos de que nuestra alegría y claridad estén siendo acogidas entre ciertas personas; el mundo necesita esto. Siempre estamos listos para compartirlas. Alégrense y den gracias en gran medida, pues la vida es para ser vivida en esplendor.

Aulaga
La Perfección está en Todo Lugar

Nos buscan en pleno mediodía, cuando el sol y el perfume los embriagan de placer y el viento juega con destreza alrededor, mientras que donde los humanos han alterado la tierra, arena, arenilla y polvo saludan sus sentidos. Aquí con nosotros, los propósitos de Dios son mostrados perfectamente, en parte, mientras glorificamos todo con nuestro perfume dorado y mantenemos lejos a todos menos a aquellos que nos aman. Pájaros, insectos y mar hacen sonar su aprecio, y el amor fluye entre nosotros cuando nos fundimos en la armonía del mediodía. Esta es nuestra forma externa; aquí, manifestamos la vida en equilibrio; aquí, hacemos lo mejor de todo. Este es nuestro dominio, y ustedes son bienvenidos, y encuentran la perfección porque ustedes aman y se funden con nosotros. Ustedes no cambiarían nada porque la perfección está en todos lados.

La vida invisible también está por todas partes – así debe ser. Debe haber lazos entre esta maravilla de forma, y color y perfume, lo que parece la nada pero que es la vida abundante que hace que el corazón y la mente se unan en los deleites de la vista y el perfume. Cielo azul y nubes blancas son una con el sol mejorando la tierra de la aulaga y nosotros, bueno, mantenemos todo esto en nuestra conciencia y damos esto a los humanos. Así como Dios está adentro, está aquí si ustedes lo buscan. Nosotros ofrecemos un pequeño aspecto de la creación, pero aquí mismo toda la creación está llena de vida. Nacido del calor y el agua, la Vida se irradia, llena el espacio y cubre la Tierra – todo esto es alegría; todo esto es amor; todo esto es también el Cielo. Compártanlo con nosotros. Devuélvannoslo en éxtasis, y se los daremos de nuevo. No hay final para la gloria de la creación de Dios.

Cada año compartimos parte de nosotros mismos con ustedes. Cada año les damos todo y cada año es nuevo. No hay fin para la conciencia, no hay fin para este compartir. Nosotros bebemos profundo uno del otro en amor. Permitan que esto suceda. Déjenlo brillar. Únanse cada vez más a nuestra alegría, y el Cielo estará en toda la Tierra.

Almendra
Que los Humanos se Trasformen

Los saludamos con afecto. Muchos humanos aprecian las almendras, y nos sentimos más hermanados a ustedes que algunos de nuestra clase. Amamos esta parte del mundo [Mallorca] la cual, aunque parezca vieja y poco lujosa en lo que tiene que ver con nosotros, por largo tiempo nos ha dado un hogar. Nosotros irradiamos nuestro poder aquí con gran alegría, y las fuerzas de la Tierra vienen a encontrarse con nosotros, como hacen con todo lo que crece, pero aquí ellas se esfuerzan por contrarrestar la falta natural de fertilidad. Así como un órgano del cuerpo puede ayudar a hacer el trabajo de un órgano perdido, las fuerzas naturales de la Tierra ayudan una a la otra cuando es necesario. Ustedes efectivamente tendrían menos vida en la Tierra si esto no fuera así, aunque ustedes no caen en cuenta de que esto sucede porque la colaboración a través de los tiempos ha acelerado la unidad.

Aquí hay una atmósfera de felicidad. Tal vez se le han hecho cosas erradas a la naturaleza, pero aún no de forma codiciosa. El comercialismo parece estar llegando; esperamos que el mundo cambie antes de que este lugar se vea muy influenciado por esto.

Pera
Acércate a Nosotros

Para ti soy un ser de gran belleza porque te pones en contacto con mi realidad, un ser que es de Dios, libre, feliz y expresando la vida perfecta. Aún ese árbol más bien flacucho creciendo en el jardín es mi expresión. Por supuesto que sabes que en el tiempo de floración la belleza interior es más aparente, y también la fruta es una forma claramente única para mí. Sin embargo, piensas que este árbol no es sino una expresión limitada de mí.

Acércate y siente la unidad con este árbol. Deslízate por sus ramas y siente la unidad que siente mi espíritu con este árbol. Siente cómo ama esto, siente cómo *es* el árbol.

Fuiste uno con nosotros en ese momento. Creemos que a medida que entras en nuestra vida de esa manera, a medida que nosotros logramos una unidad más grande, el Cielo será traído a la Tierra.

Ocho años después el árbol de la pera fue destruido para hacer espacio para un edificio.

Te decimos, no estés triste porque la forma del árbol que amaste y con el que te volviste uno de forma única se haya ido. No es la forma sino la esencia con la cual te uniste, y esa esencia está siempre aquí, dentro y fuera. Es parte de tu experiencia, parte de ti, parte del todo.

Como sabes bien, nosotros los del mundo de los devas estamos preocupados por los motivos y podemos aceptar sus razones para destruir este árbol. Después de todo, ¿no podríamos tener nosotros las mismas razones si fuéramos humanos? No pienses en términos de separación sino siempre en la totalidad, así como nosotros. Permite que el amor fluya entre nosotros.

Ángel del Paisaje
Esperamos su Amor

El mundo angélico está preparado con el más grande amor para los humanos, lo cual te impacta como algo singularmente bello porque cuando hacemos cualquier cosa, incluso voltear a mirar algo, hacemos esto con todo lo que somos, sin dureza, ni viejas caparazones, sin cicatrices. En la medida en que ustedes humanos hagan cada vez más lo mismo y vean belleza y amor en todo, así todo responderá.

No necesitan estar preocupados por crear un mundo insensato con todos flotando en nubes rosadas. Las energías que fluyen a través de nosotros y de toda la vida tienen propósito, fuerza y son puntuales. El amor es una firme realidad que forma un puente sobre el cual todos pueden caminar. Un sentimiento empalagoso no es amor y no existe en nosotros. Cuando caminamos hacia ustedes, lo hacemos con energía; ustedes pueden hacer lo mismo. Aunque ustedes no puedan vernos o escucharnos, tocarnos, olernos o probarnos, tenemos una fuerza tremenda. Estamos aquí con amor, todo un mundo dinámico listo para una relación inteligente con la humanidad que ejercerá todas las fuerzas dadas por Dios para la totalidad. Ustedes nos necesitan y nosotros estamos listos, esperando el reconocimiento, amor y trato justo que ustedes dan a nuestros parientes. Esperamos con amor por su amor.

Devas
Necesitamos Equilibrio

Venimos a tu conciencia en la alegría de nuestros mundos y asombrándonos de nuevo por las complicaciones que los humanos crean con sus mentes. Así como el contacto con nosotros siempre te eleva, así es con todos los miembros de los reinos de la naturaleza. No hay maldad en nuestros mundos; su presunta maldad solo se presenta con la conciencia de los seres humanos, con la interferencia humana. Puede parecer que algunos elementales son extraños y hasta hostiles, pero también algunas razas de humanos pueden parecerles extrañas – y es que simplemente son diferentes. Cualquier hostilidad ha sido creada por los seres humanos y ha sido merecida.

Una nueva era comienza, y una era en la que todo este malentendido y hostilidad cae lejos como neblina ante el sol, cuando toda la creación de Dios camina en la luz y la alegría juntas, amándose unos a otros, entendiéndose unos a los otros y alabando a Dios. Mantengan esto en su conciencia; no piensen negativamente.

Los reinos de la naturaleza necesitan sus defensores para ayudar a reparar el equilibrio que ha sido alterado por seres humanos, pero este es un equilibrio que necesita ser encontrado. El equilibrio no es una posición de rigidez sino una de gran facilidad, un fluir con cada movimiento, de no-resistencia, dando, tomando y ajustando, de siempre estar buscando la Unidad, de estar cerca del Creador. En la totalidad de la creación todas las formas de vida sirven y se complementan unas a otras. El reino de la naturaleza ofrece su abundancia en la medida en que la humanidad obedece la ley universal. Los seres humanos sí necesitan cambiar, y están cambiando; nosotros nos alegramos de verlo.

¡Vengan y compartan nuestra alegría, ustedes humanos solemnes! La vida es maravillosa; nunca duden de esto y nunca se separen de esto. Sólo sean quienes verdaderamente son y encuentren la Unidad con todo.

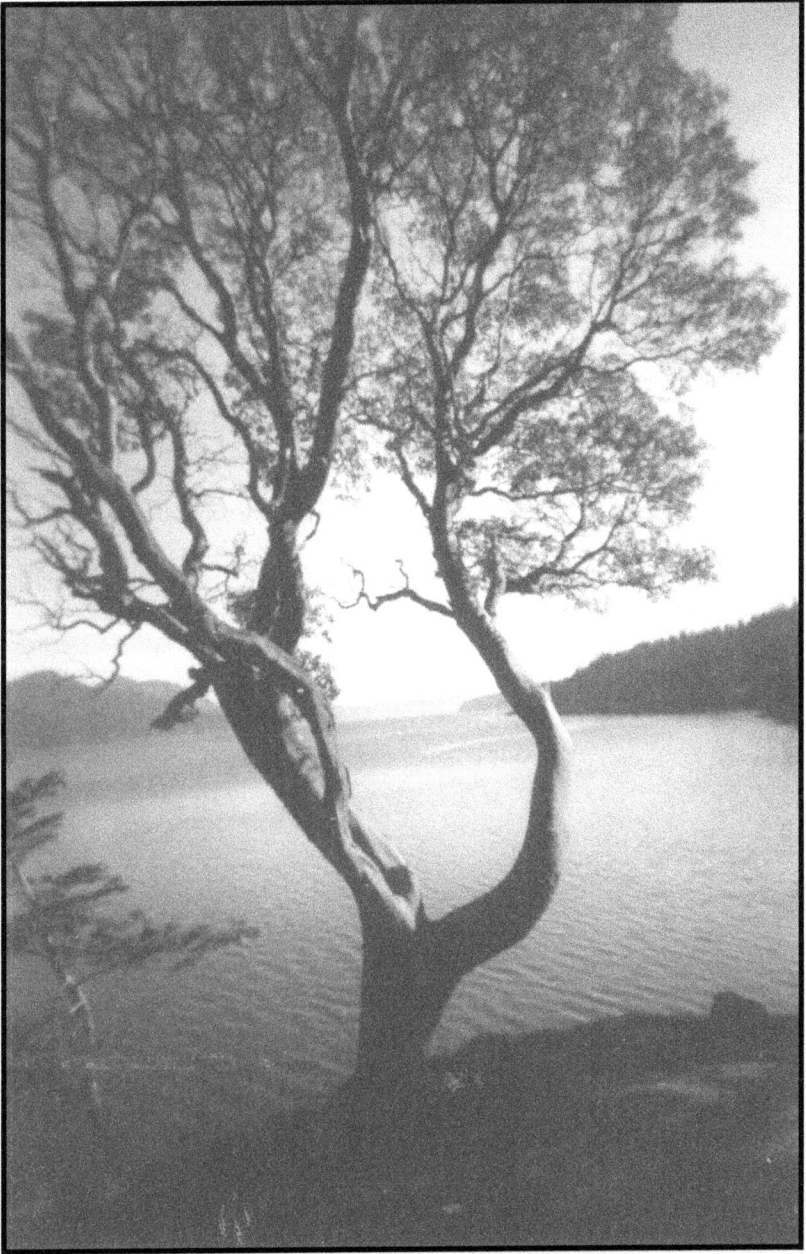

Retama
Lo Intangible se vuelve Tangible

Apreciamos tu aprecio. Todas las cosas vivientes prosperan con aprecio, y como constructores de la forma nosotros usamos esto como nutriente para el nivel físico.

¿Cual es el milagro del crecimiento que maneja la naturaleza, el desarrollo desde una pequeña semilla hasta un árbol, animal o humano? En sintonía con nuestros mundos, las cualidades que sobresalen son las positivas de alegría, liviandad, adaptabilidad, dedicación, y efectivamente así es el alimento, o la energía de entrega que se usa para el crecimiento de las células. Los experimentos han demostrado que el crecimiento de las plantas puede variar según las emociones humanas que se les envía, y que un niño no amado es un niño difícil, sin darse cuenta de que el gran milagro del crecimiento en sí mismo proviene justamente de tales cualidades dirigidas desde nuestros mundos. Así como los humanos se desarrollan y se vuelven más sensibles hacia lo que no se puede medir ni ver, ustedes se darán cuenta de que toda la vida depende de la respiración que emiten varios seres cuya propia energía depende de su estado del ser, de su conciencia de Unidad, de su identidad con Dios o la Vida. Es tan simple como esto, algunas veces demasiado simple para la mente.

Asimismo, como el crecimiento procede espiritualmente, ustedes regresen a las cualidades simples: "Si no se hacen como niños, no entrarán en el reino". Todas las emociones complicadas negativas se dejan atrás y ustedes contribuyen poderosamente al crecimiento del mundo y junto con nosotros ejercen fuerzas que se manifiestan en la forma – otro ejemplo del milagro y la simplicidad del crecimiento. La belleza que ustedes aprecian en la forma de nuestras flores la expresan ustedes de forma diferente. Lo intangible se vuelve tangible. Esto es crecimiento, vida y Unidad. Disfrutemos siempre de esto y demos gracias por la maravilla de la vida.

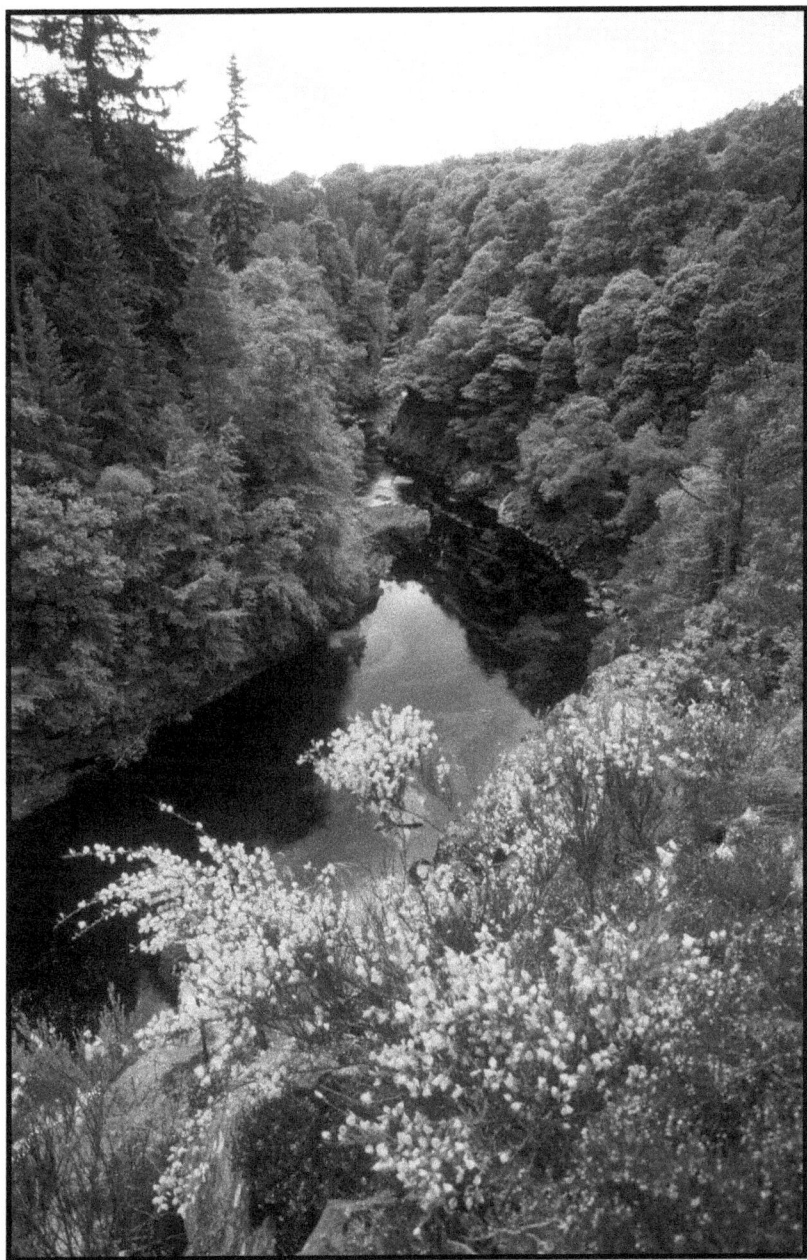

Bambú
Compartamos la Armonía

Es un feliz susurro el que escuchas, mostrando nuestra alegría en un clima más deseable para nuestras naturalezas. Pero es que se está volviendo un punto cada vez más importante que el lazo entre los reinos angélico y humano crezca. La Humanidad está dejando poco del mundo en su estado natural, y es esencial que haya un flujo de armonía entre ustedes y nosotros.

Sé que este no es un tema nuevo. Sé que es el tema que enfatizamos constantemente contigo, pero la alegría que compartimos es un salvador del mundo, y esta alegría debe ser difundida. La mentalidad "demolición-de-la-vegetación" está degradando a ambos, humano y planta. Este compartir de armonía y alegría, este culto a la vida y a su Creador, debe volverse prioridad. En esto insistiremos siempre que vengas a nosotros. Esperamos que difundas esta información. Está basada en la realidad, y a partir de allí se da el proceso de crecimiento. Nuestras bendiciones en este trabajo.

Álamo Temblón
Despierten ante la Belleza

Somos devas del valle, guardianes de los árboles que susurran, y soportados por nuestros hermanos mayores. Todavía estamos aquí, con nuestros secretos profundamente adentro, dando la bienvenida a todos los que entran y acogen este contacto ahora. Nuestro amigo el viento nos visita; nosotros compartimos y seguimos nuestros caminos. Entonces déjennos estar con ustedes, compartan y vayan, enriqueciéndose con la experiencia de compartir nuestra alegría.

Nuestras hojas están danzando con la brisa, brillando con la alegría de la vida, y nosotros extendemos estos signos externos de nuestra presencia, para tocar su corazón y despertarlo ante la belleza en nosotros y la belleza en ustedes. Muy fácilmente podemos resonar como uno, porque tenemos mucho en común, habiendo venido de la misma Fuente. Hermanos y hermanas, compartiendo nuestra vida con todo alrededor, siempre escuchando el fluir del agua, siempre conscientes del calor del sol, llenando espacios con lo que somos, mientras saludamos a toda la humanidad y le deseamos compartir conscientemente lo que somos.

¡Sí, yo sé que toda la humanidad no puede venir a este bosquecillo! Pero lo que tenemos para compartir está dentro de todos ustedes; nosotros simplemente estamos despertándolo en ustedes. Todo lo que somos es parte de cada uno y, aunque ustedes van en su propio camino y nosotros permanecemos donde estamos, la armonía está donde quiera que ustedes estén. Déjenla ser, recuérdenla, bendigan toda vida.

Devas de los Árboles
Construyan lo Positivo

Hija de la tierra y el espíritu, nos dirigimos al aspecto espiritual de tu naturaleza, porque este es nuestro medio de encuentro. Como has sentido, no estamos en armonía con la parte de la humanidad que viola la tierra, y en ninguna parte esta separación está más exagerada que recientemente en esta área de antiguos árboles que han sido tumbados en forma desconsiderada.

Repetimos, los árboles maduros son necesarios. No es suficiente tener la tierra reforestada, pues los árboles jóvenes no son capaces de cumplir nuestra tarea de transmutar energías. Ustedes nos necesitan para esto, nos necesitan para el equilibrio de la paz y la estabilidad. Si hay escasez de grandes árboles, la paz y la estabilidad de la humanidad se ve afectada, porque somos Uno. Ustedes no pueden destruirnos, sin destruirse a ustedes mismos.

Ahora tenemos una gran fuerza interior para transmitirles y lo haremos. Pero primero debemos otra vez imprimirles el mensaje de los grandes árboles, el mensaje de vida para nosotros y para ustedes. Sabemos que el mundo humano está comenzando a apreciar la unidad de cualidades. Toda forma de vida contribuye en algún aspecto, con alguna cualidad, lo cual es parte de la esencia de la humanidad. Nútrannos, estén en comunión con nosotros, y encuentren y den unidad al Planeta.

Devas de los Árboles

Las energías que nosotros representamos están siempre abiertas para los humanos simpatizantes. Ellas están claramente aquí, claramente en cualquier parte, pero están disponibles más fácilmente para ustedes aquí, sin las distracciones de la civilización.

Lo que quizás ustedes no saben es que con el reconocimiento de nosotros por parte de ustedes hacen más fuerte el contacto, porque está basado en la verdad y provee una puerta abierta a una comunicación y cooperación más bilateral. Esto es algo necesario para el bienestar de la humanidad, que se mueve hacia la alegría de hacerse más parte de la totalidad del Planeta. Construyamos sobre esta imagen positiva, compartamos la alegría de los lugares silvestres en el mundo y llevemos esta alegría con nosotros. Nosotros no podemos sino compartir esto, porque vivimos en esto. De la misma manera es verdad para ustedes en la medida en que aprendan a ser lo que realmente son.

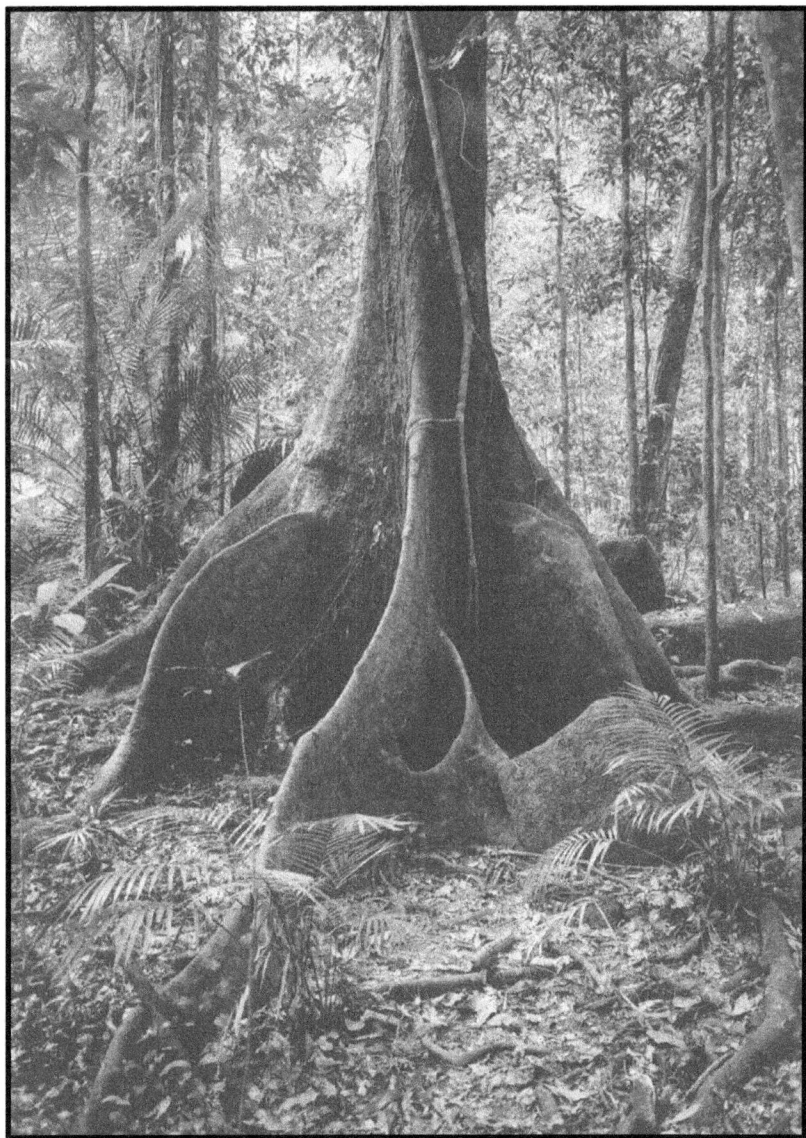

Cedro de Incienso
La Belleza del Infinito

Te hemos saludado a través de cada árbol. Con nuestras emanaciones te bendecimos, y con nuestra altura y nuestro aroma, como de hecho lo hacemos con toda forma de vida.

Has recibido el mensaje sobre la necesidad de los grandes árboles. Nosotros simplemente repetimos esto como algo preliminar a lo que los grandes árboles dirían y, sabiendo que está en tu conciencia, continuamos con nuestras bendiciones. Nosotros no estamos simplemente parados aquí, en la soledad con nuestra especie, sin hacer nada. Miren lo que somos, miren nuestra tremenda mole empujando hacia el cielo, sin embargo firmemente enraizada en la tierra, hecha de lo que ustedes no saben, de una minúscula semilla. Miren la maravilla de nuestros intrincados troncos. Estas son sólo manifestaciones externas; nuestro trabajo en otros niveles es tan poderoso como detallado. Déjennos ser y de esa manera bendecir la Tierra.

Estamos hechos para traer la belleza del infinito al planeta. Queremos personificar las cualidades de fuerza, estabilidad y eternidad. Es una energía vibrante muy elevada y enraizada la que canalizamos, y ustedes pueden no tener suficiente de esta. Absórbanla; es un gran privilegio. La extendemos a todos los que vienen, y los liberamos con nuestro amor.

Acebo
Una Misión Especial

Queremos ser acogidos en este jardín. Este asunto de la acogida no es solo una formalidad; esta constituye una especie de puente y ayuda definitivamente en la cooperación, creando un flujo fácil entre nosotros. Estamos encantados por la oportunidad de traer esto a tu conciencia.

Tenemos un trabajo especial para hacer a nivel energético, que se siente y no se puede explicar. Nuestro trabajo ha sido usado por ciertos humanos a través del tiempo y tiene que ver con una sincronización precisa. Este es un trabajo valioso para la totalidad; es importante que estemos en este jardín.

Nosotros quisiéramos que las plantas que ya están aquí se queden en el jardín. Se darán cuenta que hay un tiempo ideal para trasplantar ¡a pesar de que haya una objeción profunda de ser trasplantadas! Recuerden que nosotros tenemos propiedades especiales, suaves y remotas. Bendígannos cuando pasen, y les devolveremos bendiciones.

Devas de los Árboles
Todo con Alegría

Lo que tenemos que decir está siempre confeccionado con alegría, y lo que tú tienes para decir es aprendido con alegría. Esto debe ser así, no importa que te parezca repetitivo, porque la alegría es un atributo constante de los reinos creativos. Cuando Orfeo miró atrás, y no adelante con alegría, perdió a Eurídice, y así es con los humanos.

¿Cómo pueden estar tan quietos los árboles si la alegría es su naturaleza? ¿Dije que la alegría era su naturaleza? La más alta naturaleza de todo, incluyendo las rocas, es la alegría, pero la más alta naturaleza de todo no ha sido tocada. Allí es donde los humanos crean un puente entre lo creado y el Creador, y dan la cualidad de la alegría a la materia menos dotada. Les toca a ustedes hablar de la innata alegría de la creación a los reinos que han olvidado su origen, es decir, a sus compañeros humanos. No dejen que nada sea sin alegría, y en esta cualidad se les dará lo que necesiten y lo que los otros necesiten.

Tú preguntas si es el reino angélico o tu propia divinidad interior la que debes buscar. No importa; en ese nivel es Unidad y algunas veces es más fácil para todos nosotros cuando la belleza de la creación nos convoca fuertemente

Palmera
El Divino en Ustedes

Bien sea que nosotros reinemos en el desierto, en las ciudades o en la selva, tipificamos una benevolente estabilidad que tiene una gran influencia en los humanos. Por eso hubo un sentido humano de gran consideración hacia nosotros que nos hizo estar tendidas [las ramas de Palma] en homenaje ante el "rey" Jesús. Una sabia elección. Como todo el reino vegetal, nos inclinamos en homenaje al Dios en los humanos; compartimos nuestros poderes divinos con ustedes y continuamos sirviendo al crecimiento, que es el proceso de vida. Hacemos esto en paz, con serenidad, sin represión, con dignidad. Nos inclinamos ante el Dios que hay en todos ustedes – muy metafóricamente por supuesto – y nos unimos a todos ustedes, más que nunca en el Domingo de Ramos. Es bueno dejar que la unidad de toda forma de vida esté más en la conciencia de los humanos en todas sus celebraciones; esto es su futuro y el nuestro.

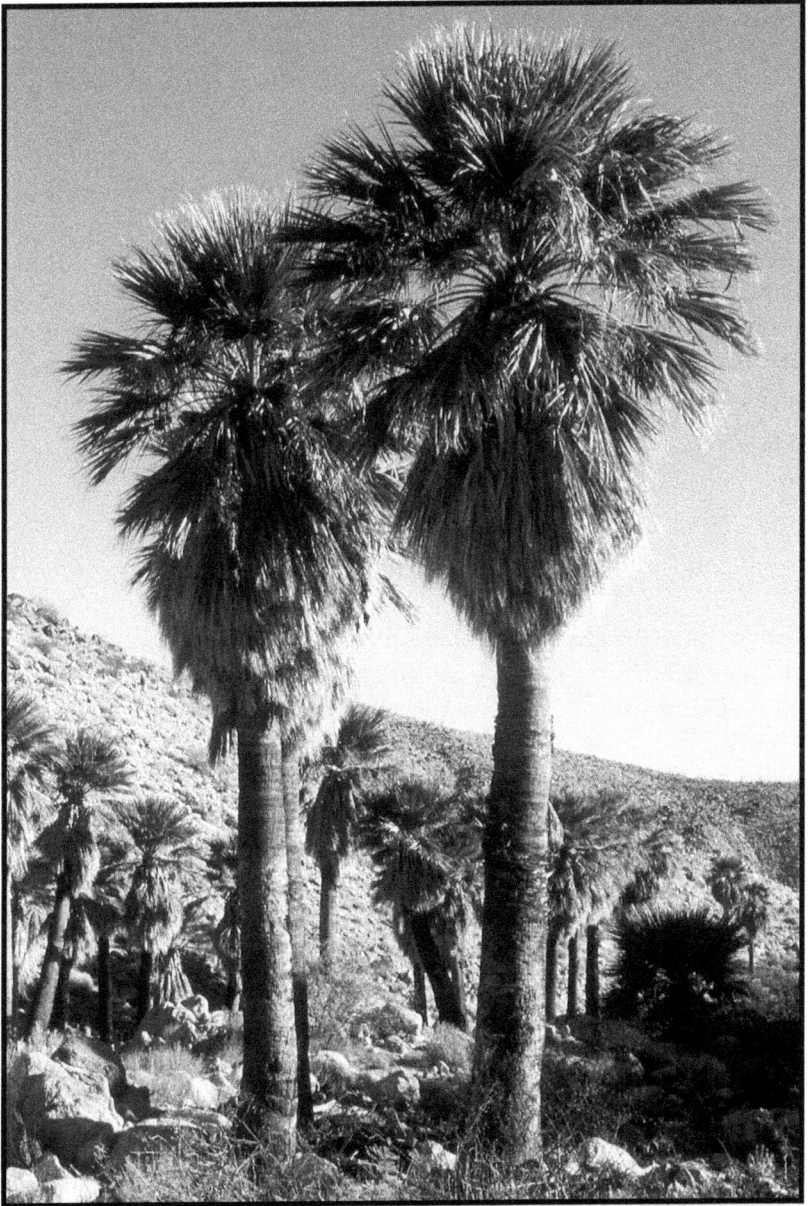

Al visitar los bosques de Secuoyas que habían sido destinados a durar para siempre, para mi tristeza me di cuenta de que estos árboles especialmente escogidos ya estaban muriendo. Sintiéndome terrible, consulté el Deva de las Secuoyas y recibí el mensaje que he mostrado a continuación. Esto tuvo el efecto, que creo que el Deva conocía, de darme más determinación que nunca para hacer lo que pudiera para preservar las Secuoyas.

Secuoya
Somos parte de Ti

Pequeño mortal y gran ser, te saludamos. Elévate con nosotros, por encima del ruido del tráfico y de las pequeñeces de los humanos, donde está la paz eterna. Deja que este "infierno" sea como polvo en tus pies, para ser sacudido y retornado a ti mismo, mientras la paz de Dios permanece, la paz creativa que cubre el planeta y muchas formas de vida. ¿Qué pasa si los árboles se tumban? Nuestras vibraciones son por siempre parte de la vida aquí y estamos encantados de haber contribuido tanto como lo hemos hecho. Nos alegramos porque la vida sigue adelante sin importar la forma que tome. Hay Una Vida, como bien sabemos. Somos parte de ti, tú eres parte nuestra, y así será siempre.

Dios
El sentido de Preservar

Preguntas si los lugares silvestres tienen un gran efecto en el desarrollo humano. Los lugares silvestres del norte, más que los del sur, porque el crecimiento en lugares calientes tiende a ser demasiado como para dejar espacio para los humanos.[3] Los espacios abiertos desnudos del norte son una parte esencial del bienestar del planeta, y por lo tanto de la humanidad, en el sentido de ser un centro no sólo de limpieza y purificación, sino de planificación, de estrategia de resolución. Una nueva vitalidad viene de estos lugares. El desierto, por estar más disponible para los humanos en el pasado, ha tenido el mismo rol, pero los lugares del norte son más poderosos a este nivel. La desnudez del desierto o la región ártica permite al ser humano aferrarse a lo esencial y el espíritu es lo esencial de todas las cosas. Ahora los espacios árticos pueden ser más usados por el hombre gracias a sus logros tecnológicos, y puede aprender a explotar estos recursos aún no estropeados por estar concentrados en lo material.

En cuanto a los bosques, los aspectos árticos también tienen su influencia, en la misma forma. En las estaciones verdes la vitalidad y el regocijo que expresa la naturaleza es más grande que en los climas más templados. Los humanos pueden compartir esta celebración.

Sí, la inmensidad de los bosques del norte es un tremendo recurso planetario y puede serlo para la humanidad si ustedes se vuelven más conscientes de estas cualidades. Sin esta conciencia, por supuesto, ustedes no están abiertos a esta profunda realidad, y arrasan con lo que es más fuerte para evocar la fortaleza de su espíritu. Ustedes pueden ayudar más, llamando la atención sobre estos hechos..

---

[3] Este mensaje hace referencia al hemisferio norte.

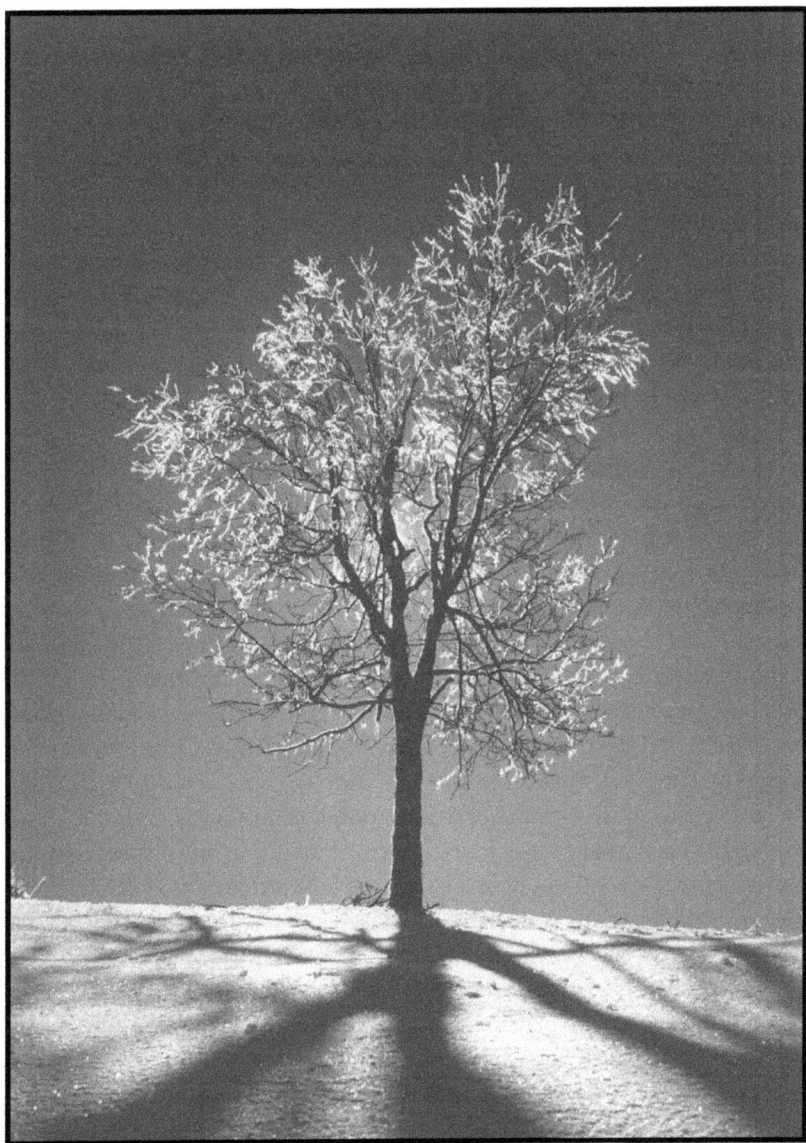

Nota Especial:

Me gustaría aclarar las formas en que he recibido los mensajes desde mi divinidad interior y desde los mundos del nivel angélico/dévico, o mundos del nivel del alma. Después de mi primera experiencia del Dios interior, como se me pidió, comencé a conectarme con éste tres veces al día y a poner en palabras mi comprensión de aquello que recibía durante estos momentos. Yo estuve simplemente abierta a la totalidad interior, y recibí miles de amorosas y útiles enseñanzas durante diez años antes de que los Caddy y yo viniéramos a Findhorn: Durante mis once años en Findhorn, continué recibiendo las direcciones que los Caddy y yo necesitábamos, lo cual incluyó la sintonización con la inteligencia de la naturaleza. Esta última sintonización nos demostró la practicidad de la cooperación entre los humanos y los seres de la naturaleza al cultivar una huerta con éxito. Durante esos años yo fui sencillamente la receptora final de este experimento al seguir la dirección interna, y comprobé que uno siempre puede ser guiado desde adentro, en cualquier situación.

Cuando me fui de Findhorn en 1973, continué con mi rol de conectarme con los mundos angélicos como fui guiada, en particular haciendo contacto con las almas de los grupos humanos así como de las ciudades y los países. Gradualmente, en la medida en que me volví cada vez más familiar con los mundos internos, me sentía cada vez más parte de ellos, no solo en conversación con ellos, ya que ellos no necesitaban explicar sus dimensiones como lo hicieron previamente. Y, luego de muchos años de ser receptiva, me encontré en la posición de ser expresiva. En lugar de ser solamente una beneficiaria, fui capaz de dar, de contribuir, de prestar mis energías a lo que surgiera. Ahora en situaciones de enseñanza, generalmente sólo recibo el mensaje básico que la naturaleza desea darnos a los humanos – que es un placer que los humanos la contacten conscientemente, que es deseable que esta cooperación continúe, crezca y se vuelva una forma natural de vivir en la Tierra. Entonces en lugar de hermosas enseñanzas, los mensajes son breves, y ahora, con ellos, yo puedo prestar firmemente mis energías divinas.

Las siguientes expresiones de estas conexiones llegaron en mis viajes alrededor del mundo. Fui bienvenida por varias especies nativas, algunas de las cuales se incluyen aquí. Cuando recibí una comunicación de la anterior manera, cito el mensaje entre comillas.

Dorothy Maclean

Bálsamo
Siendo Tú Mismo

Yo siento una presencia masculina abrazando las montañas aquí. El amor que fluye de él es muy hermoso y afectuoso, en el momento es casi como meciéndolos para dormir en el invierno -- y ninguno, ni siquiera la más mínima plántula, es olvidada. Es consciente de nosotros y está contento por nuestro contacto, mientras no detiene lo que se está haciendo. ¡Por primera vez no me dijo de la necesidad de los grandes árboles! Está solo siendo él mismo y permitiéndome ser yo misma.

Los Devas de los Árboles
Unidad en la Diversidad

"Sí, Es importante que las áreas tengan la fuerte energía de su crecimiento natural. Algunas especies exóticas son de valor, pues esto es un planeta y la suma de muchos ayuda en la realización de la unidad. Pero es mejor preservar la diversidad y la unicidad. Nueva Zelanda puede contribuir mejor al mundo por su fuerte experiencia en el desarrollo de sus propias plantas". Yo anhelo que los árboles nativos de Nueva Zelanda sean devueltos a su tierra.

Roble Negro
Lo Mejor para el Planeta

Casi severo, firme, inflexible. Encantado de sacar energías similares en los humanos -- él cree que necesitamos de ellos en nuestro desarraigo. Una amorosa firmeza. Cuando pregunté si el borde elaborado de sus hojas significaba algo, dijeron que la redondez penetró y se encerró en forma amorosa y no perjudicial, creando belleza con fuerza. La fuerza y la estabilidad no necesitan ser burdas y alejadas de lo artístico. Yo aprecié inmensamente la energía pura que podíamos contactar en su esencia, lo que me recordó apreciar la carpintería del roble cuando la vea, porque cuanto más nos unamos con los seres de la naturaleza, será mejor para el planeta.

Olivo
Con Satisfacción

Feliz. No le molesta la poda porque eso le da atención humana, y aprecio humano por las aceitunas. Muy alegre de proporcionar las aceitunas. Un gusto por las colinas y apego a ellas. Una especie de ángel local.

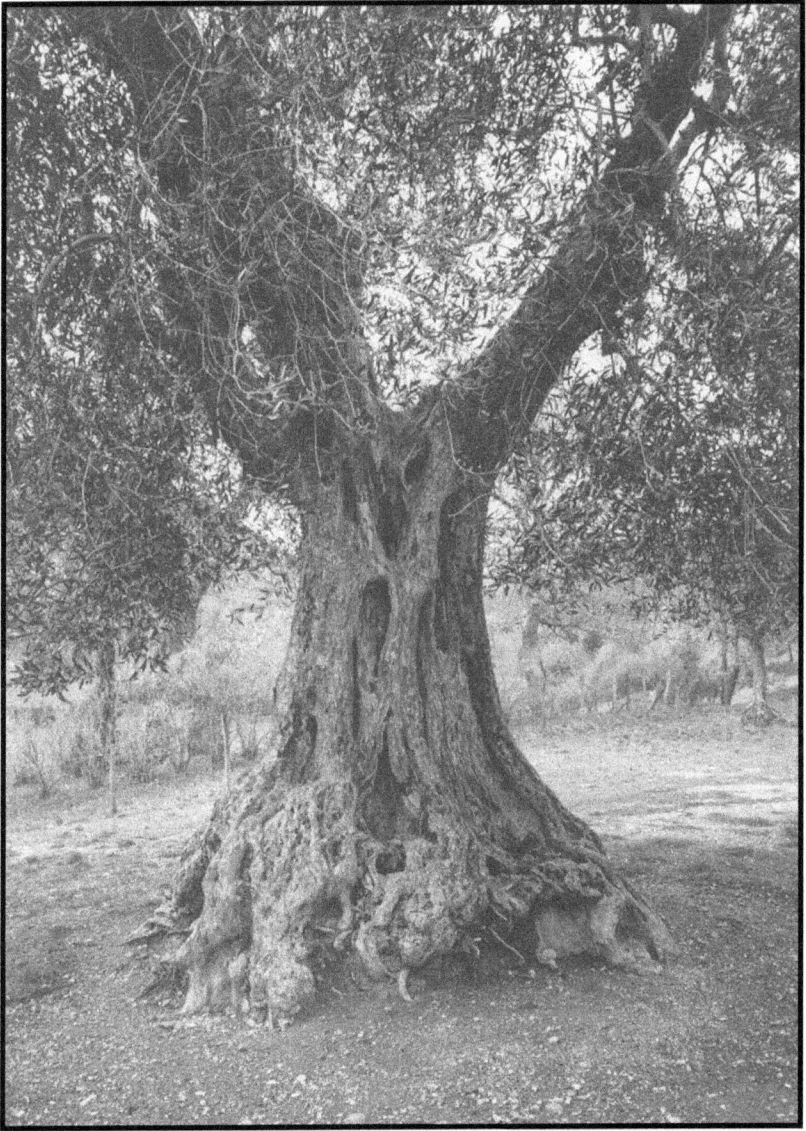

Álamo
Aprende con el Silencio

El golpeteo de sus hojas, una danza de alegría. De corteza blanca, flexible, responde a lo que hay alrededor, no porque sea más fuerte – sin embargo puede ser – sino porque es el flujo positivo de vida. Con períodos de quietud cuando está muy tranquilo y diferente, como los humanos cuando fluyen con los tiempos calmados. Me preguntaba cómo podemos aprender del comportamiento de cada cosa viviente, y la respuesta es: Atendiendo a la manera en que vivimos. Podemos rescatar el mundo, porque tenemos todas las capacidades de la totalidad y toda forma de vida responde a eso. No hemos elegido la totalidad, pero podemos. Podemos aprender del silencio de un árbol para sintonizarnos con nuestro propio silencio, que es una fuerza viviente, una fuerza creativa. Podemos ser conscientes de estos patrones externos y aplicarlos a nosotros mismos. O los árboles pueden darnos iluminaciones amorosas e inteligentes para nuestros patrones internos, ayudándonos con nuestros problemas, ampliando nuestra conciencia y ayudándonos a alinearnos con lo que somos.

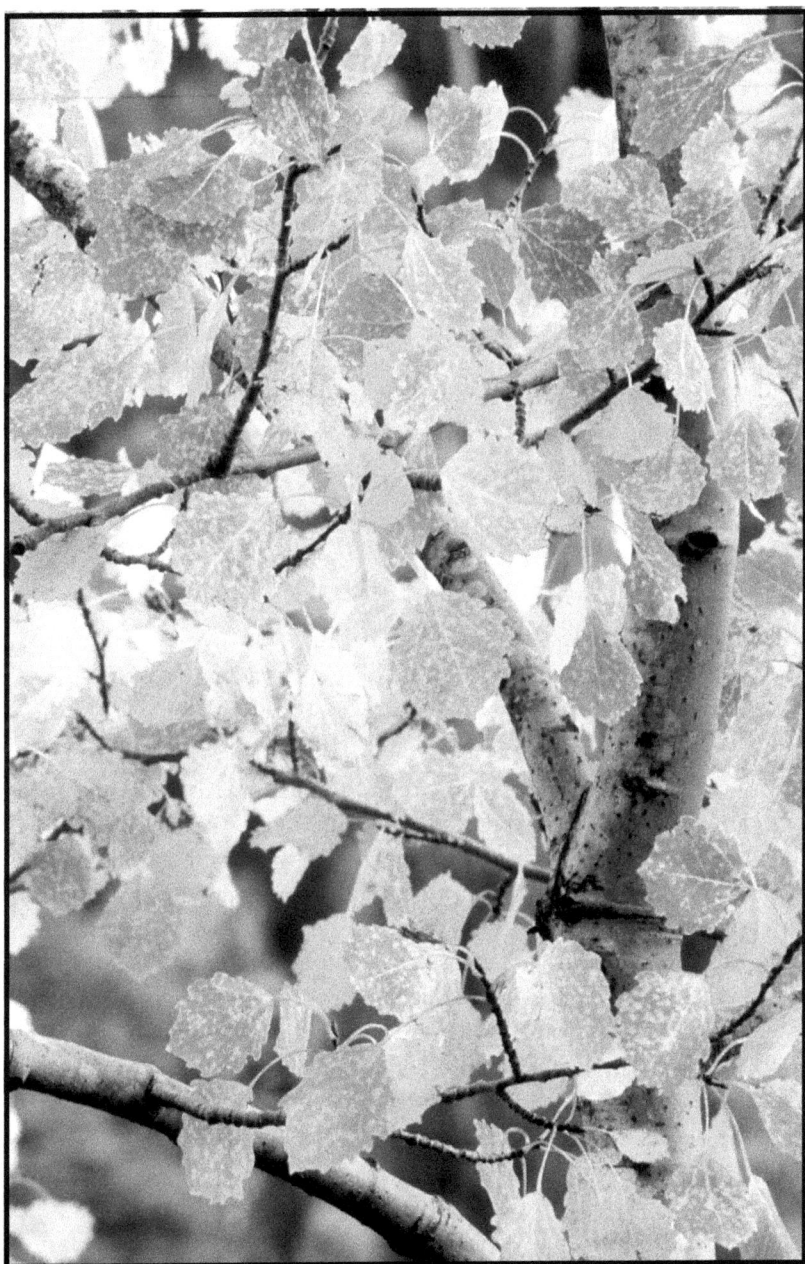

Haya
En el salón Beech Tree en la Fundación Findhorn
Expandiendo el Ser

Un poquito de alegría adicional porque los pedacitos del árbol de haya en este salón todavía están conectados con su totalidad [el papel de empapelar fue hecho de haya]. "Ahora en esta primavera nuestras hojas jóvenes brillan mientras crecen, mientras se satisfacen a sí mismas y pueden ser ellas mismas. Convertirse en lo que realmente somos aquí y en todas partes, es para lo que se vive la vida, tú y la haya, tú y todo. Utilicen este tiempo de crecimiento para expandirse hacia lo que son, como hacemos nosotros, y hagámoslo juntos conscientemente."

Haya
en los Mojones de Clava, un círculo de piedras escocés
Siempre Alegría

Los árboles eran guardianes del círculo de piedras. Al no ser un grupo ordinario de árboles, fueron relacionados de una manera inusual con los seres humanos que habían puesto originalmente las piedras. Los constructores del círculo de piedras fueron un grupo de seres humanos muy felices, aunque obviamente llevaron una vida muy dura desde nuestro punto de vista moderno. Incluso cuando estaban implicados en entierros, fueron felices en ese trabajo. Los árboles estaban especialmente felices del contacto interno con nosotros y otros visitantes. Un gusto por la alegría que nosotros intercambiamos. Absolutamente contentos de estar aquí, protegiendo silenciosamente.

Saquero
Sabiduría Vegetal

Una sensación sólida y profunda, muy diferente, intacta, completa, coordinada, antigua. Muy de los "Ents"[4]. Con saludos profundos, acogiéndonos en su hogar, sabiendo de alguna manera que su hábitat es muy limitado. Queriendo que compartamos algo de su energía en otras áreas, para permitirle agregar su singularidad al mundo más amplio. Nos agradece nuestro respeto para con él, y nos respeta como seres humanos dotados, aunque sin confiar en todos nosotros. Compartiría su firmeza, su compromiso, su adición al planeta. Le gusta nuestra ligereza.

---

[4] Los Ents son una raza del mundo de J.R.R. Tolkien, la Tierra Media. Estos Ents son pastores de árboles, árboles que se mueven, aunque lentamente. Parece que fueron inspirados en los árboles parlantes de muchos folclores del mundo. http://es.wikipedia.org/wiki/Ents

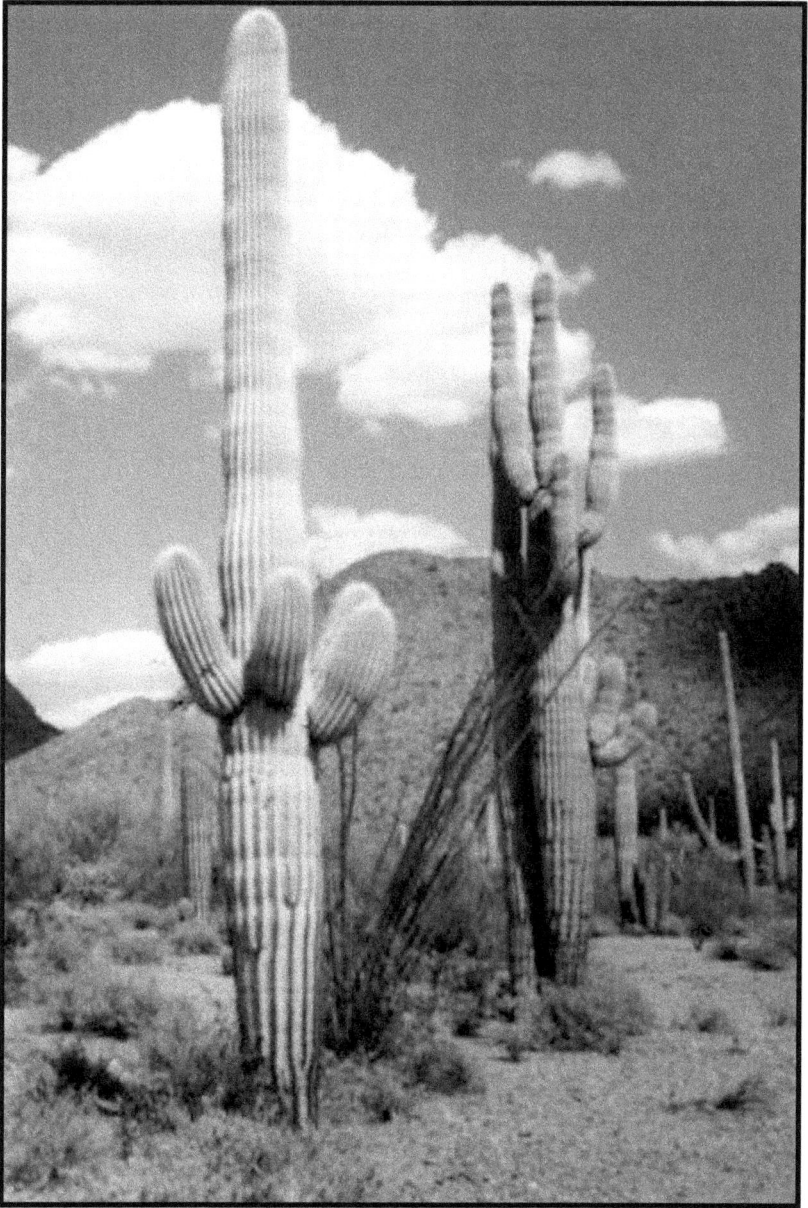

Pino
Melbourne, Australia
un árbol muy viejo querido por los niños para trepar
La vida es Cambio

"Tengo mucha energía al ser muy energizado por los niños, pero esto no puede continuar por siempre. La vida es cambio. Por supuesto estoy aquí para cumplir mi ciclo natural, que está terminando. Estoy bendito y bendigo, envío amor alrededor, y doy aprecio por aprecio. ¡Pero no he terminado todavía!"

Limón
Abierto al Contacto

Se sentía como si estuviera en flor, aunque no fuera así, trastornando mis expectativas. Bailando entre nosotros, estaba muy alegre de comunicarse con los seres humanos de esta manera. Desea que vengamos a él más a menudo, porque está siempre disponible y quiere compartir de sí mismo. Puede compartir sus cualidades de amor y puede compartir su conocimiento cuando nos abrimos a éste. Puede ayudarnos, pero tenemos que pedirlo. Dio las gracias.

Al día siguiente, como siempre, dio la bienvenida produciendo la sensación de faldas agitándose. Una luz inteligente brilló delante de él, porque al comunicarse con nosotros de esta manera puede utilizar todas sus cualidades y no ser simplemente el árbol de limón mudo que los humanos suponen. Le gustaría estar pleno todo el tiempo, en armonía consciente con nosotros, para que entonces podamos trabajar juntos para el planeta, de la manera que sea apropiada para el momento. Me pidió que por favor regresara y dio las gracias.

Estrelladera
un árbol nativo casi extinto, Islas Canarias
Sana al Mundo

¡Saltando con alegría, saltando con alegría! Como si no hubiera sido contactado de esta manera por mucho tiempo y está muy feliz de ser reconocida como ser viviente. Por supuesto quisiera más de este tipo de contacto, porque cree que esto llevaría a más plantación de ellos. Quiere hacer su parte en la curación del planeta, y está alegre de ser única como es. Solamente pide reconocimiento y amor. Una amorosa presencia terrosa.

Pino de Norfolk
Fuerte Presencia

Era como si pusiera unas manos apacibles sobre nosotros y nos bendijera. Como siempre, estaba encantado de tener contacto en el nivel consciente y ser reconocido como inteligente y consciente. Podía ver que nuestra consciencia puede ser enorme y poderosa y naturalmente le gustaría ser incluido en la consciencia humana, ya que estamos controlando tanto el planeta. Con nuestro amor y cuidado, su especie puede conocer el futuro y sus trabajos pueden continuar satisfaciendo su labor en el planeta. Entonces por favor envíen amor. Una presencia fuerte, aunque representado por un espécimen joven.

Rododendro
un árbol enfermo
Buscando lo Mejor

El grupo le rodea para enviarle sanación. Estaba muy impresionado con las cualidades humanas enfocadas en él, y muy agradecido. Cuando se preguntó qué estaba mal en él, expresó que no encajaba en su patrón, algo así como estar mirando una foto tridimensional sin los lentes necesarios. Nosotros podíamos ayudarle viéndolo entero, completo, alineado, ensamblándose, y pidiendo lo mejor para él.

Cedro

Comparte nuestra Fuerza

"Sientan nuestro constante amor, parte de la tierra y sin embargo volviendo a la tierra. Nosotros estamos y no estamos separados, y disfrutamos en ambos aspectos. Enviamos tanto amor como podemos – nuestra energía vital – hacia arriba al cielo y a la profundidad de la tierra, y nos abrimos a lo que venga. ¿Los automóviles? Ellos pasan volando; nosotros permanecemos y soñamos, sin tiempo. Acogemos su energía de amor y les deseamos lo mejor extendiéndola a dondequiera que vayan. Lleven una parte de nuestra fuerza con ustedes a un mundo débil y desanimado."

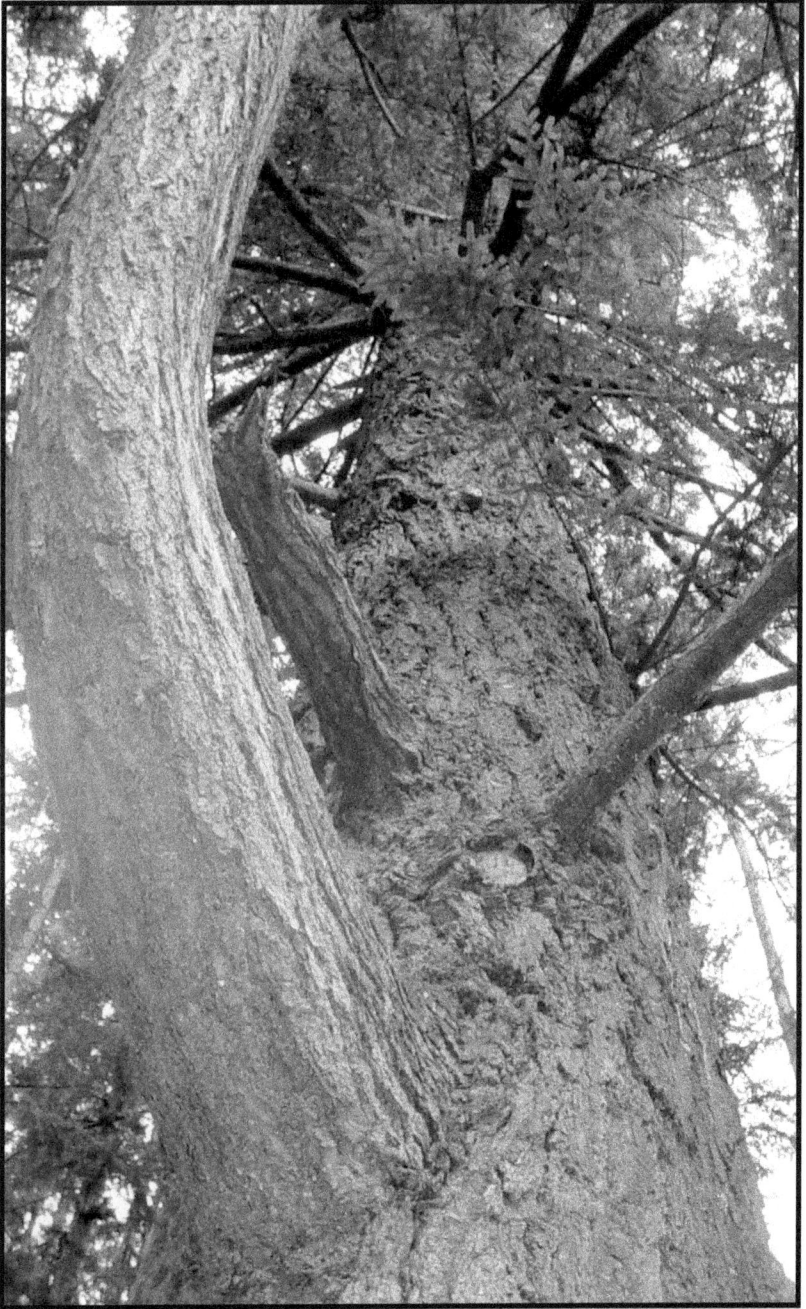

Secuoya
Protegemos el Mundo

Poderoso, muy alto, antiguo, de majestuosa energía, como si descendiera a la Tierra desde lugares lejanos para ayudarla. Guardianes antiguos – pero los tiempos cambian. La sensación de que podrían renunciar a la custodia, y el recuerdo de lo que me fue dicho en la Avenida de los Gigantes en 1974. [pág. 82]

"Nuestra sabiduría y su sabiduría son igualmente antiguas; mantenemos la forma por cientos de años, ustedes cambian de forma. Respeten su sabiduría, la cual es tal vez más abierta para ustedes en la estabilidad de nuestra forma. Recuerden las lecciones acerca de no mantener las formas estáticas.

"Nuestro silencio inmemorial está ahora fracturado, revestido por la tecnología humana. Sin embargo nuestra fortaleza y sabiduría interior está disponible para todos los que resuenen con ella. Si ustedes se nutren de nosotros, ustedes entran ricos y salen ricos. Nuestro poder es suyo para aprovecharlo, su poder es nuestro para aprovecharlo. Juntos, en comprensión, rodeamos el globo para proteger su forma y abrazarlo para una mayor conciencia. Únanse a nuestro poder; ayudamos de esta forma".

Pregunté si estos devas podían contestar por los árboles en general si hay un cambio en la relación con los humanos, ya que se vieron incapaces de echar raíces y crecer en la tierra que habíamos tomado de ellos. Ellos respondieron:

"Tal como tú dices, nuestra presencia no es capaz de manifestarse en muchos de nuestros hogares anteriores, y allí nuestras vibraciones están distantes. Por otra parte, más y más gente nos está amando, conectándose con nosotros, volviéndose familiar con nosotros. Hemos sido dados por hechos; ahora nuestro valor es cada vez más evidente y muchas personas, afectadas por la situación, se están abriendo a partes del planeta hasta la fecha cerradas para ellas en sí mismas. Así que no cubran el planeta con preocupación; ábranse a las posibilidades y muévanse según la dirección de sus almas."

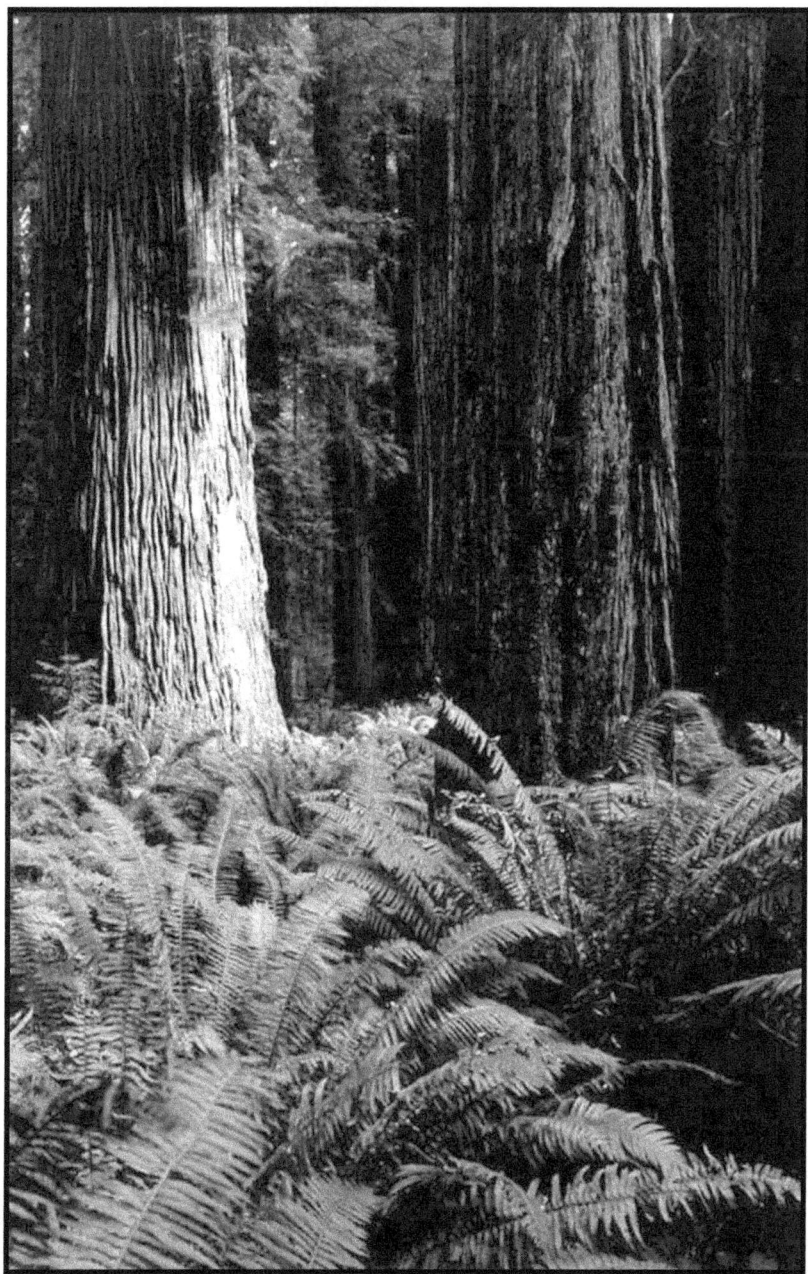

Familia de Fresnos
Amor en Acción

"Gente y lugar benditos, los saludo. Estamos encantados de que vengan a nosotros, a mi (esta es otra instancia en la cual los ángeles hablan de ser uno y muchos al mismo tiempo) para que así ustedes vayan más allá de los límites de su conciencia usual hacia el maravilloso reino que compartimos con ustedes. En esencia, somos uno, ustedes y yo, compartiendo el mismo planeta, el mismo ambiente, el mismo mundo de energías en sus diferentes dimensiones. Pero nosotros los llevaríamos al interior de sí mismos en nosotros, a mi particular árbol-icidad en ustedes, mi particular disfrute para amar y cuidar que ustedes comparten conmigo. Y ustedes pueden amarme y cuidarme, ustedes pueden amar y cuidar lo que elijan, porque ustedes tienen libre elección para expandirse por el mundo. Por favor háganlo en el amor, que nuestro mundo y su mundo se vuelva uno en más que palabras, en servicio a la totalidad. Nosotros no podemos sino servir, pero ustedes pueden elegir. Por favor escojan el servicio. Gracias."

Devas de los Árboles
El todo en Sí

"Nuestra paz se extiende de la Tierra al Cielo, de las alturas cósmicas a las profundidades de la materia. Nuestra paz se mantiene firme a pesar del ruido alrededor. Nuestra paz, que irradiamos paciente e incesantemente, a un mundo entristecido y con la necesidad de ella, está aquí para ustedes. Frecuentemente les hemos dicho de esta función nuestra. Frecuentemente les recordamos que ustedes también pueden encontrar esta paz, a través de nosotros y a través de lo que tienen de nosotros dentro de ustedes.

"Quédense en los bosques. Quédense cerca de nosotros. La sanación llega cuando ustedes lo hacen. Todo está adentro; les ayudamos a encontrar esto".

"Sí, sí, la alegría de los devas está para que todos los árboles la encarnen. Esto es lo más elevado de nosotros, pero lo más profundo es paz. ¡Cómo crece esto hacia fuera, y afuera, y afuera, abarcando el mundo! Somos el símbolo de una parte de ustedes, una parte con la que necesitan sintonizarse. En paz protejan siempre esta parte de ustedes, para que la alegría pueda rodear el mundo desde las raíces de la paz de Dios. Nuestras bendiciones están siempre con ustedes".

Epílogo

El llamamiento claro de los mensajes de los árboles es para que los seres humanos encontremos la Totalidad y el Amor que está dentro de nosotros y para actuar desde allí. Ellos nos invitan a ir hacia adentro, a encontrar nuestro verdadero hogar. ¡Yo estoy de acuerdo, ellos están en lo correcto! ¿Cómo hacemos esto en nuestras vidas? En estos días, nuestro planeta está cada vez más acosado por turbulencias y violencia. Tomando conciencia de nuestro trato desconsiderado para con el mundo natural y de los unos para con los otros, estamos empezando a comprender que debemos pensar en la vida sobre la Tierra como un todo. Nuestras elecciones individuales afectan a todo el planeta.

¿Cómo podemos hacer elecciones que apoyen esta visión cooperativa? Los árboles lo dicen simplemente: conviértanse en lo que verdaderamente son, seres amorosos y creativos. Utilicen este criterio en todos sus actos, elijan amar lo que hacen, amar lo que son, ámense unos a otros. Realmente intenten esto, enfrentando lo que no quieren de sí mismos y amando esto.

Esto es simple pero no es fácil. Muchos de nosotros quisiéramos ser íntegros y amorosos, pero encontramos mucha resistencia dentro de nosotros mismos. Pero tenemos la capacidad de vencer nuestra resistencia; incluso podemos apoyarnos en un árbol para encontrar paciencia y determinación.

Yo, por ejemplo, tenía muchas resistencias e ideas rígidas que me limitaban. Por ejemplo, yo estaba firmemente convencida que los lugares silvestres de la Tierra eran mucho más poderosos, maravillosos y exquisitamente más hermosos que cualquier jardín o huerta, por bien planeado que estuviera. Entonces, durante un paseo un día por las afueras de Ámsterdam, encontré un jardín que tenía toda la maravilla y alegría de los lugares silvestres. Aparentemente no se veía muy distinta de sus vecinos, pero interiormente era maravillosa. Yo solo puedo asumir que sus jardineros trabajaron con amor, y desde entonces supe que los humanos no tienen que destruir la naturaleza; de hecho, podemos realzarla. En lugar de estar desesperanzados por nuestra situación, aún podemos mejorarla. Podemos elegir actuar con amor y alegría en cada acto, hasta en los actos del día a día como lavar los platos. Tales elecciones tienen poder porque provienen de nuestra divinidad interior, nuestra fuente de creatividad, y momento a momento ayudan a cambiar el mundo.

Los reinos internos, las multitudes de ángeles, la inteligencia de los árboles en sí mismos, están siempre allí apoyándonos en nuestros actos. Así que elijamos y volvamos a la Unidad que sostiene toda forma de vida y sumemos nuestra voz a la canción naciente.

LORIAN
ASSOCIATION

"Lorian Press" es una empresa privada con fines de lucro que publica obras aprobadas por la Lorian Association. Los títulos actuales de David Spangler y otros autores se pueden encontrar en el sitio web Lorian: www.lorian.org, en www.davidspangler.com, y en www.lorianpress.com.

La Asociación Lorian es una organización educativa sin fines de lucro. Su trabajo consiste en ayudarle a la gente a llenar sus vidas diarias con la alegría, sanación y bendición de su propia espiritualidad. Esta espiritualidad se extiende más allá de vidas únicas y de su relación con el Espíritu, no importa como se llame o bajo qué forma sea reconocido este Espíritu.

Para más información: www.lorian.org, email info@lorian.org o escriba a:

The Lorian Association P.O. Box 1368 Issaquah, WA 98027, EE UU

"Este libro me recordó las palabras dichas por unos amables ancianos Cherokees refiriéndose a la conciencia entrelazada de los árboles y la humanidad. El texto se lee como un sermón llamando al lector a reconocer la sacralidad de la vida entera y la interdependencia de los pensamientos y acciones humanas con el ambiente. Para recordar que bajo la apariencia de los egos individuales hay una sola mente que es un antídoto contra la separación y la agresión.

"Pueda que todo lector recuerde que así como los árboles ofrecen vida dando oxígeno al medio ambiente y apoyo a todos los seres de la tierra, nuestros pensamientos se mueven a través de la atmósfera y provocan las apariencias y situaciones que ocurren en nuestro planeta. El mensaje es de bio-resonancia de pensamientos energizando la expresión física, y la interdependencia de todos los seres expresando el potencial del sagrado misterio que lo une todo.

"Pueda que este texto beneficie a todos los seres y reavive la memoria de que todo es uno en la danza de la vida".

Venerable Dhyani Ywahoo, Anciano Cherokee, maestro Budista Tibetano y fundador de Sunray Meditation Society, Sunray Peace Village, Lincoln, Vermont, (EEUU) y Vajra Dakini Nunnery